U0902875

云南百位历史名人传记丛书

中共云南省委宣传部◎编

云南出版集团

云南人民出版社

图书在版编目（CIP）数据

云烟奠基人——徐天骝 / 徐声汉, 徐声瑛, 徐演著.
-- 昆明：云南人民出版社, 2016.8
（云南百位历史名人传记丛书）
ISBN 978-7-222-14217-6

Ⅰ. ①云… Ⅱ. ①徐… ②徐… ③徐… Ⅲ. ①徐天骝（1901～1989）－传记 Ⅳ. ①K826.3

中国版本图书馆CIP数据核字(2016)第008077号

出 品 人：李　维
　　　　　刘大伟
责任编辑：闵艳平
装帧设计：马　滨
责任校对：乔月娟
责任印制：洪中丽

书名　云烟奠基人——徐天骝
作者　徐声汉　徐声瑛　徐　演　著
出版　云南出版集团　云南人民出版社
发行　云南人民出版社
社址　昆明市环城西路609号
邮编　650034
网址　http：//ynpress.yunshow.com
E-mail　ynrms@sina.com
开本　889mm×1194mm　1/32
印张　5.625
字数　100千
版次　2016年8月第1版第1次印刷
印刷　昆明卓林包装印刷有限公司
书号　ISBN 978-7-222-14217-6
定价　23.00元

如有图书质量及相关问题请与我社联系
审校部电话0871-64164626　印制科电话0871-64191534

云南百位历史名人传记丛书

编委会名单

总　序

丛书编委会

历史长河浩浩荡荡！中华文明自滥觞至汇聚千流，涵纳万水，奔腾迭起，云蒸霞蔚，延五千年之长史，至今生机勃然，是迄今世界上唯一保持完整且衍传有序、光耀于人类的伟大文明。

习近平总书记指出：一个国家、一个民族的强盛，总是以文化兴盛为支撑的。中华民族是具有非凡创造力的民族，我们创造了伟大的中华文明，实现中华民族伟大复兴的中国梦，必须弘扬中国精神。以爱国主义为核心的民族精神，以改革创新为核心的时代精神，是兴国之魂，强国之魂。

云南，是祖国西南神奇、美丽、富饶的宝地，是中华文明中极具特质和创造潜力的丰美之乡。云南少数民族文化是中华民族文化的重要瑰宝。长期以来，云南大地上，各民族和睦与共，相濡相生，共同创造了色彩瑰丽、形态多元、底蕴厚重、影响深远的历史文化，为我们留下了珍贵的精神遗产。人，是历史的镜子，是历史最生动的环节，人民是历史的主人和创造主体。在人类历史的进程中，一个个不同时期的代表人物产生过一些不同的影响。“云南百位历史名人传记丛书”就是这样一丛历史的记录，一百位历史名人，虽未必尽能概全，各位历史人物的代表性也不尽相同，但都是“追梦人”，是振兴民族伟大理想的传薪人、探索者和实践家。

在这些代表人物中，无论是拓土开疆的将帅勇者，还是蹈海酬志的大国使节；无论是志于传播文明的鸿儒巨擘、先哲贤士，还是为民族独立解放而高歌猛进、慷慨捐躯的群雄英杰，都贯注了这一重要精神。正是以他们为代表的云南各族人民创造并抒写了可歌可泣的英雄史章，熔铸了坚韧不拔、奋为人先、包容博大、敢于担当的精神品质，才使云南在中华文明的长史中闪耀着特有的光辉。尤在近代中国，在辛亥护国风云中，在反对外辱保卫祖国边疆维护民族尊严、抗击日本法西斯侵略中，云南站在历史前台，以中华群雄的不屈身影演出了一幕幕豪迈悲壮的历史大戏，也更涌现了一批足以彪炳史册、光照后人的杰出人物。这一切，给予中国历史进程深远的影响。

今天，实现中华民族伟大复兴之梦，谱写富民强滇中国梦的云南篇章，需要以中华文化发展繁荣为重要条件，这就需要接续这一光荣而伟大的精神传统，在继承中创新，在创新中发展，在发展中超越。云南正处于一个新的历史起点上，需要大力挖掘历史文化资源，聚合更强大的精神动力，为推动我省科学发展、和谐发展、跨越发展凝心聚力。为此，我们组织省内外专家学者编写出版了“云南百位历史名人传记丛书”。这对加强我省各族人民，尤其是青年一代对历史的了解、认同，爱国爱乡爱民并甘于奉献，对提升优秀精神品质，形成团结奋斗的共同的思想基础，坚定推进富民强滇的信心和决心，显然有着重要的现实意义和切实的助力。

一百位历史人物，所处历史时期并不相同，其历史作用也有差异，甚至就个人的全面历史评断方面也难以等量趋同。但我们以为这些留存史迹的人物，所以传扬至今，为后世崇奉，均有他们共同的历史向度和价值取向，我们学习这些历史人物，至少应当着重于以下几个大的方面，即：“守大德、重大义、集大成、有大度、达大观”。

守大德，即恪守道德规范。“德者，本也。”（《礼记·大学》）“大德”既是国家民族的根本利益所在，也是中国文化中最核心的价值理念及标准。古语“行德则兴，背德则崩”，不仅是资政经验，也是个人修习完善的根基。所谓“厚德载物”，直观的理解，就是如果德行浅薄，是不能兴物成事，更不能造就伟大功业的。云南历史文化名人，大多以德立身，大节不移，并对此恪守坚定，一以贯之；始终保持正确信念和理想，并为之奋斗到底。这是我们首先要学习尊崇的。

重大义，即以国家民族利益的需要为个人行为取舍的标准。有大义，才有大爱。这些先贤无不爱云南爱乡土，以兴业乡梓、造福一方为己任。尤在国家民族命运攸关、生死存亡的关头，这些令人崇敬的先辈，大义擎天，逢难不避，敢于担当，责无旁贷，勇往直前，不惧牺牲。一个心存天下大公的人总会在不经意的一瞬决定大义的选择，这是社会进步的希望所在，更何况实现中华复兴的伟大梦想，还有很多异常艰危的事业在等待我们去克难攻坚。所以，举凡大义、为民为国、全身而进的精神是我们应当效法崇尚的。

集大成，“知类通达，强立而不反，谓之大成”。这些历史人物留下的足迹，予人深刻启迪。他们无论是出将入相，还是布衣一袭，均勤学不辍，求索不止，在追求真理和知识的道路上刻苦务实，义无反顾，永无终期，故能成大器，胜大任，不辱使命。今天，世界进入知识信息时代，软硬实力决定一个国家能否赢得发展机遇，乃至自立于强国之列的地位。其紧迫性不亚于先辈梦想中国富强的百年期许。但今天所谓“集大成”，是更高更大更具有生存挑战性和发展战略性的，是集世界之“大成”，集政治经济、科技文化、制度建设、社会发展等一切领域“总成”，玉成中国梦的空前伟大的事业。所以，先人刻苦自律、博学精进的学习精神我们应当秉持继承。

有大度，即要有开放包容的胸怀。云南历史文化名人的一个共通品质，也是一个显著特点就是，即使身处僻远，总能破除狭隘与陋见，以宏大度量，兼容并包，接纳先进，吸收优异，团结一切可以团结的力量，聚合一切可以聚合的资源，总成一股创造历史的宏大动力，来完成伟大的事业。哪怕是割股舍己，也在所不惜。今天，云南要实现跨越式发展，保持开放包容的胸怀尤其重要。所以，先辈"天下云南"的大度我们应当弘扬光大。

达大观，即要眼观天下，达察全局，与时俱进，审时知变，敢为人先。推动云南社会历史进步的代表人物，无不目光远大，胸怀全局，对世界潮流、时代嬗变，都能审视洞悉，并欣然顺应规律，故能在历史转折的关键时刻做出正确选择，成就改天换地的一番伟业。古语有"小智自私""达人大观"，是将为个人谋私的小智谋与担当天下兴亡的大智慧尖锐对比而言的。否则，"其兴也勃焉，其亡也忽焉"。一个为民为国而应用心智的人，必然有达观天下的心怀，也由此激发潜能、超迈寻常，而使人生境界也更加美好而宏丽。遍观世界文明史，许多影响人类进步的伟大创新，正是以此为动力和起点的。今天，中国经济社会的快速发展，国家的日益强大，正为实现中华民族伟大复兴的中国梦开拓了无限广阔的道路，也为个人实现自身价值创造着更加富实的前景。所以，先辈们达观天下的精神我们应当引为楷模。

我们对志向高远、仰观天下、俯察民情、甘为路石、慨当以慷、求真务实的历史名人，心存景仰，并愿与千千万万的读者，尤其是青年朋友一道学习弘扬。

组织编撰“云南百位历史名人传记丛书”是一项重要的文化工程，编撰出版人员都做出了艰苦的努力，但由于众手修书，书稿层次不一，成书体例难以做到完全一致，对存在的不足敬请读者批评指正，我们将虚心接受，并在修订再版时一并吸纳修改完善。

云烟奠基人

——农学家徐天骝传

徐声汉　徐声瑛　徐　演

农学家徐天骝先生（1901.4.29—1989.6.19），名嘉锐，字天骝，白族，是留法勤工俭学运动唯一的云南人。在法国获得双博士学成归国的他，把毕生精力奉献给了云南大地。

他把追随周恩来同志赴法国勤工俭学，奠定了人生高起点的这段经历，作为他一生中最值得纪念的第一件大事。

30 年代，他任云南开蒙垦殖局局长，在开远与蒙自中间的荒地上，率众新开水田和旱地八万多亩。造福一方，利国利民。他把这段工作经历和取得的成效作为一生中最值得纪念的第二件大事。

40 年代，他引种和推广“云烟”的成功，成为云南烟草事业的奠基人和推动者，这是他一生中最值得纪念的第三件大事。

但他从 1928 年归国后，始终把教书育人作为己任，数十年躬耕，“桃李满天下，英才遍四方”。他常常引以自豪，把教书授业作为一生中最值得纪念的第四件大事。

一生中最值得纪念的四件大事，编织出了徐天骝先生绚丽多彩的人生花环。

徐天骝（曾用名徐嘉锐）还有一位胞兄徐嘉瑞，是著名文史学家、教育家和诗人，在云南曾流传着一个“徐氏双杰”的故事：

1950 年，在人民解放军进驻昆明后的一天上午，陈赓、张冲首长研究完工作后，陈突然问张：“云南是否有两个徐嘉瑞？”张爽朗一笑，说：“你今天问我，算是找对庙门啰！是有两个，而且是同胞兄弟，但音同字不同。哥哥叫徐嘉瑞，字梦麟，祥瑞的瑞，云南话读‘税’，是老党员，文史学家，现任命为西南军政委员会委员。他弟弟叫徐嘉锐，锐利的锐，字天骝，是留学法国的农学博士，云南引种美种烤烟的开山人。人称‘徐氏双杰’。云南话‘瑞’与‘锐’读音不同，而北方话，读音就相同了。前几天，他俩都是走在欢迎解放大军队伍前列的各族各界代表呢。兄弟俩还都同在昆华女中教过书，学生们为了区别他们，便以大徐老师，小徐老师称呼，有的则按排行叫五叔、七叔。同事则以字称呼‘梦麟’‘天骝’，自然就把兄弟俩区别开了。”陈赓听了连连点头，说：“呵，原来如此。”张冲反问陈：“你为什么提这样一个问题？”陈赓答道：“南下前，毛主席指示我，到云南后，找一找叫徐嘉瑞的人。说他在延安看过他写的书，很有人民性。从主席那里出来，我去向周恩来同志辞行，恩来同志也要我到云南后找一个叫徐嘉瑞（锐）的人。说此人诚实可靠，是个有贡献的农学家。把我都搞糊涂了，怎么这个人又是文学家，又是农学家！”说到这里，终于弄明白了，两人都大笑起来，后来传为一段佳话。

本书与《文史大家——徐嘉瑞》一书堪为“云南百位历史名人丛书”中之兄弟篇。

目录 // MULU

目录// MULU

目录// MULU

少小立志

徐天骝出生之时，正逢甲午年中日战争之后，由于国家的懦弱、清政府的腐败和帝国主义列强的凶残，他自小就生活在苦难之中，看到了社会上的许多不平，他为自己的家国痛心疾首，深感“国家兴亡，匹夫有责”。这激起了青年徐天骝的爱国热情，他努力学习，积极上进，做好报效祖国的准备。在五哥徐嘉瑞的影响下，读到了许多进步书报，立下了救国大志。

生在贫穷的书香人家

徐天骝先生原名嘉祜，后更名嘉锐，字天骝，以字行。公元1901年4月出生于云南曲靖。

据《徐氏家谱》记载，徐氏一族祖籍为“江南濠州凤阳府永丰县”，即今安徽凤阳一带。先祖为明朝开国元勋、一代名将徐达，谥中山武宁王。徐达的第四代孙徐林（字鼎益，曾授钦赐铁头巾）于嘉靖四十二年（1563）癸亥入滇戍边，遂传下云南徐氏一脉。后因家道中落，子孙们多与仕途无缘，以耕读为业，大多家境贫困。然而后辈子孙都为人厚道、朴实，孜孜攻读，以诗礼传家，家风优良。且此优良家风，代代相传，至今犹存。

徐天骝为徐达的第十六代孙，可在他出生之前，祖辈却遭受了重大变故。

那是咸丰七年（1857）的事。回民领袖杜文秀在大理造反起义，建水首领马如龙起事响应，带兵进逼昆明。昆明连日战乱，搜城杀人。徐天骝生父徐元华（1842—1913）一家六口（祖父、祖母、父、母、一弟、一妹）惊惶离家逃难，为免遭杀戮，竟跟随众多难民投玉带河而亡，史传仅投河的难民就达一两万人。徐元华因跟着陈姑父在呈贡学做生意，幸免于难。但在战乱中回不了家，随着难民流落到富民县，家中音信全无。一年之后，才得知家庭惨变。回到昆明，只见家徒四壁，往日三代同堂，天伦承欢，此时形影相吊，空无一人，对一个仅13岁的未成年人，真是天大的打击。所幸的是又得到了陈姑父的关照，痛定之后，去一家布店中继续学做生意。但他本性难移，对读书学习仍是依依不舍。一有空闲，总是找书来看。假日回到家中，看到自己珍藏的那一摞摞书籍，更不由得涌现难以割舍之情。

待到21岁时，陈姑父代为议婚，为他迎娶了昆明的杨氏夫人，安家昆明。他渴望读书，一直有志于仕举。在家人和亲友的支持下，重拾旧籍，白天在布店任事，晚上温书苦读。终于同治十三年（1874）32岁时，在昆明乡试中考上第28名举人。光绪五年（1879），更离家北上赴试，被录取大挑一等，已算是大器晚成。此一录取，按理应赴外省放任知县职，但他不愿做县官掌“生杀之权”。何况他此时已有三子一女，妻子杨氏久病体虚，无任何经济来源。家累所迫，怎能就抛妻别子，到外省去做官呢？只好据情实报，自愿改为大挑二等，返回原籍，作为教职录用。这样选择，决定他就只能在边陲之乡，担任学官，耐得清贫，低调做人，终其一生。

当徐元华千里跋涉，匆匆赶回昆明时，妻子杨氏已病故。丢下四个瘦儿弱女，全靠年迈的岳母勉强撑持，生活异常拮据。他权且在昆明谋得一教读之事，免为度日。直到光绪九年（1883），才被选授大理府邓川州学正，算是有了一个较为稳定的官授职务。于是只身带着大儿子徐嘉彦赴任，一边教学，一边辅导儿子学业。

光绪十一年（1885），徐元华在邓川迎娶了当地“民家”（即今白族）王有福之长女为妻。这便是徐天骝的生母了。

光绪二十六年（1900），徐元华又奉文升授曲靖府教授，举家迁往曲靖。工作担子有所加重，但薪俸待遇，增加不多。徐天骝作为徐元华最小的一个儿子，也在此时出生。

徐天骝在1901年出生时，已有了四个哥哥，两个姐姐。父亲有两次婚姻，共育五男二女。徐家这支，又形成了一个大家庭。那时，大哥徐嘉彦赴京会试，亦被录取大挑一等，只身赴江苏任知县，尚不能补助家用。二哥徐嘉

徐元华及幼子徐嘉祜（天骝）

澍早逝，留下二嫂和女儿还需要照顾。三哥徐嘉绩尚在读书，大姐、四姐分别嫁入白族人家，五哥徐嘉瑞大他六岁，亦已就读小学堂。一家人仅靠父亲教学的微薄工资维持生计，日子过得很为艰难。

更可叹的是，徐元华此时已逐渐衰老。1911年，他72岁时，因年迈而被解职回昆明。经济来源断绝，又无任何积蓄，全家顿时陷入了生活困境。幸好妻子王氏十分能干，她协助丈夫教三四个幼童启蒙，每月有四五元钱的收入，又靠做针线、洗衣服，想尽办法赚点钱，勉强撑持着这个大家庭。

少年徐天骝（右一）与母亲（中坐者）、三哥徐嘉彦（左一）、四姐（右二）和四姐夫

慈母严教

徐天骝生母王氏夫人，是一位很能干的“民家”妇女，嫁进门时才17岁。家里家外，大小事情都由她力主承担。从早到晚，烧煮浆洗，缝补针织，家务之事，忙个不停。她原本不识字，自嫁徐元华后，便跟着丈夫初识文墨。逐渐地，还能背诵些短小韵文，诗词儿歌，并能协助丈夫做一些启蒙班的教学。她生有一女两男，长女行四，后嫁与白族段氏人家；长子徐嘉瑞，字梦麟，大排行行五；次子徐嘉祐，字天骝，大排行行七。子女的幼年教育，自然少不了母亲督促。兄弟俩小的时候，母亲一边做针线，一边还让孩子背书写字。背错写错的，母亲还能及时帮他们纠正。由于母亲的严格要求和循循善诱的方法，使得两个儿子从小就养成勤学上进的好习惯。

母亲王氏，是一位意志坚决，做事果断，拿得起放得下的人，也是一个热心热肠的人，更是一个见不得拖沓懒散的人，因而对子女也是极为严格的。家中虽然清贫，却处处整洁干净。对子女的学业课读极为严格，教育他们做人处事同样严格。相对于父亲温顺憨厚、平和耐心的性格，一般家庭的“严父慈母”，在徐家倒成“慈父严母”了。徐天骝正是在父母先天的遗传和后天恩威并重、严慈相济的锻造中，成就了自己完美的人格品质。

徐天骝从小就是个聪明孩子。他不仅性情温顺敦厚，而且聪慧睿智，幼时读私塾就能背很多诗文、名著。正史野史，农桑诸学，亦都涉猎。他能背诵《四书》《五经》及儒家名著经典和名诗名句，深得老师赞许。他自幼记忆力好，厚积薄发，文才颇佳。7岁时，老师曾出对联的上联，要他当场对下联。一联是“一竿红日”，他答“万里晴天”；另一联是“九天揽月”，他则答“一心报国”。老师连连称道，众人亦赞声啧啧。

在曲靖他读完私塾，正式进入了公办的新式学堂。这时他对经典古文已有些积累，而新学堂的学习科目，更涉及算学、地理、生物等现代科学课目，深感新奇有味。加上从小在父母教育下养成的好习惯，他的学习更加自觉主动，一步步地去探求知识，学会本领，学习做人。

青年徐天骝与母亲（左）、叔奶奶

1913年，当他进入昆明北区高等小学学习时，不幸父亲去世，眼看难以继学。两年前父亲被解职回昆明，断了经济来源，全家就已挣扎在低贫的生活线上。母亲历尽艰辛挑起生活重担，挣钱养家。但这时家中尚有兄嫂姐侄等十余人共同生活，仅靠母亲嫂嫂的缝补浆洗所得，早已难以为继。幸而胞兄徐嘉瑞由省立师范毕业，在陆军学校找到了一个司药生的职务，以薪资养家，天骝才得以继续求学。他读完高小后，考入云南英语专科学校学习英语。

清贫的生活，艰难的道路，苦学的家风，在徐天骝的身上打下了深深的烙印，从小养成了他刻苦、自信、踏实、坚定的性格。他立志要为家庭挑起重担，做一个对国家、对人民更为有用的人。

兄弟相亲

徐天骝是家中最小的弟弟，哥哥姐姐对他都疼爱有加，而比他大6岁的胞兄徐嘉瑞，对他在思想上的影响、学业上的引导就更为重要。

嘉瑞和天骝虽为同母所生，二人都自幼聪颖，又有优良的教育环境。但二人的性格特质，差异不小。从性格特点上看，哥哥比较开放、大胆、强势、外露。因其聪颖过人，4岁就背着一篓书跟随父亲就读，10岁即能诗文，而有神童之称。而且还是个调皮的孩子，谁要是欺负了弟弟，

徐嘉瑞（左二）、徐天骝（左三）与母亲王氏（中坐者）及全家合影（1934年）

他可会兴师问罪，弄不好还吃他的拳头。而弟弟则是忠厚老实，不善言谈，表现上不够强势，却是踏实稳健，坚韧不屈，思想上较多地受到哥哥的影响。兄弟俩从小一起长大，亲密为伴，相爱相亲，直到老来都有着深厚的感情。

甲午年中日战争之后，由于国家的懦弱、清政府的腐败和帝国主义列强的凶残，五哥嘉瑞真是痛心疾首，深感“国家兴亡，匹夫有责”。他把心里的许多理想和抱负传达给弟弟，激起他的爱国热情，并努力学习，做好报效祖国的准备。当时外国人都看不起中国人，称中国人为“东亚病夫”。因此激进的青年人中普遍有“增强个人素质，不做东亚病夫”的想法和行动。五哥就十分注重自己的体格锻炼，坚信只有强健的体魄，才能打败列强，振兴国家。天骝印象非常深刻的是五哥曾给自己立下“刻薄己身，当如酷吏”的词句，雕刻在桌前，作为锻炼身体的座右铭，激励自己天天锻炼身体。他不仅是这样说的，也是这样做的。平时不管到哪里他都坚持步行，就是陪母亲和家人到郊外寺庙游览上香，他也是为他们雇了车马先走，自己仍坚持步行前去。他学打拳，做杠铃；进行雨浴，到野外露宿。有几次天骝看见五哥在房间里读书，天空突然下起大雨，五哥立即丢下书本，脱了衣服，到天井里手舞足蹈淋个湿透。这就是当时青年中流传的"雨浴"。五哥的这些言行，极大地影响了天骝。他也从小积极锤炼意志，强健身体，立志报国。

父亲去世时，他们的家庭生活已极度艰难，五哥徐嘉瑞刚进入18岁，便要担起生活重担。20世纪50年代他曾在一篇自传中表露了当时的心境："我不怨恨我的父亲，我只是可怜他。我为他的衰老痛哭，为他的贫穷痛哭。一直到现在提起来，还会流泪。我有一个弟弟12岁了，也需要入学。但怎么能够呢？……我考入省会师范国文科，以第一名毕业，想当小学教员。但是我没有马褂，只穿一件单衫去见教育厅长，被他骂了一顿，说我没有礼貌。我真正没有马褂，结婚时的马褂还是借来的呢。我没有办法，去投考陆军医院的司药生，每月13元薪水，负担一家十口人的生活，供弟弟入学校。"从这篇自传恳切的言辞中，流露出他对弟弟天骝的学业是非常在心的。从那时起，他不仅在经济上支持弟弟，在思想品德上也对他循循善诱，兄弟俩的感情极为深厚。而天骝也以"长兄如父，长嫂如母"的古训始终尊重五哥五嫂，凡事听取五哥的意见。

五四运动的浪潮席卷云南时，中学教员的徐嘉瑞立即成了云南宣传“五四”新文化运动的代表人物。他的社会活动，对弟弟产生了直接影响。当时争民主，求科学，救中国，成了青年们共同追求的目标。天骝也已至成年，他们都在考虑着救国之道。嘉瑞曾偷偷带回《共产党宣言》《帝国主义论》等马列著作给天骝阅读，他根据日语翻译了《辩证唯物主义论》印成了油印地下刊物，也悄悄传给弟弟，还指导他看一些传播进步思想的书刊，使天骝在人生起步之际即受到了很好的影响，为他寻求救国之道打下了坚实基础。

一本书立下科学救国志

徐嘉瑞在他进公立学堂读书时，得到一本《地球韵言》，对兄弟俩都有着极大的影响。这是光绪二十三年（1897），由张士瀛（公复）先生为新办的小学堂编写的一本介绍世界各国疆域、政治、经济、科技等的教材。篇目分为亚洲；南洋岛、欧洲；非洲、非岛；澳洲、太平洋岛；美洲、美岛等四卷。列举了世界各国各地的政治、经济、物产、交通、风俗、争战和交往等。全书均用四字韵言写成，读来顺口，易于读诵，通俗而生动。

如介绍法兰西一段中说：“比（比利时）之西南，曰法兰西。跨塞纳河，都会巴黎。哈浮海岸，与英相望。炮台五处，棱齿设防。”“水陆通衢，马赛巨镇。火车四达，展軨发轫。西南山界，比里牛斯。平原沃衍，河运多支。”“酿葡萄酒，及白兰地。羽缎大呢，钟表奇异。手套羊绒，乳油英喜。黍稻美来，煤炭购比。织布造糖，玻璃瓷器。”“科鲁苏厂，钢甲推首。百吨气锤，天下罕有。北斯迈炉，克厂并驾。钢质纯坚，争出重价。船炮枪厂，分十三区。他国代造，亦售军需。”

介绍英国的一段又说：“商务立会，权通政府。以兵卫商，开疆斥土。哔叽呢羽，组制精良。新机织布，十三万张。”“船用轮机，海峡初试。尖头隔舱，扩充渐备。”“木轨运煤，利便马车。推广铁路，此其权舆。”“湿电通信，自伦敦始。得包线法，沉之海底。铜铁作线，两端系筒。千里传语，名德律风。简编机印，石板尤奇。邮函粘票，计路取资。数百亩地，书院宏开。中西典籍，无不备赅。”

书中在四字韵言之外，还有一些小字注释，详细说明。简明扼要的介绍，全球风貌的缩影，先进科技的呈现，在当时闭锁的中国，对于只接触过古文的孩子来说，是何等的新奇啊！

徐嘉瑞得到这本书时，如获至宝。他立即让弟弟也来读，难懂之处，两人又一起琢磨。这本书在他们的眼前打开了一个科学而广大的世界，使他们大开眼界。第一次知道了一个真实的世界，原来偌大的地球分布着五大洲，知道了五大洲各国的丰富物产和先进成就。天骝经过反复研究，获取了过去从未得到过的知识，思想境界一下子越出了传统经典、古文、诗句的范畴，对先进的科技产生了浓厚的兴趣。五四运动的口号：欢迎德先生（民主）和赛先生（科学），更强化了他这种观念，立志要为先进的科技发展做一番事业。

一本小小的《地球韵言》，使两兄弟都激动了许久，不约而同地立下了工业救国、科学救国的懵懂志向。

法国勤工俭学的岁月

正当徐天骝引颈企盼，寻求救国途径之时，共产党人李大钊、陈独秀、毛泽东、吴玉章等发起勤工俭学运动，组织进步青年到法国和欧洲去半工半读，让年轻人去直接探索指导我国革命的新思想，寻求改造中国的途径。云南为培养自己的人才，也争取到了招考名额，徐天骝凭着自己的努力优先考取，成为云南赴法勤工俭学的唯一一人。他去到天津投奔大哥徐嘉彦，大哥将他介绍给同僚的儿子周恩来，由周恩来直接帮助他去到法国。

与周恩来同志的相识，改变了徐天骝的人生道路。周恩来在人生的许多时刻对他的教诲，使他在行路中犹如看到了一盏明灯，始终走在正确的道路上，终身受益。

到法国勤工俭学去

正当徐天骝引颈企盼，寻求救国途径之时，在五四运动的影响下，共产党人李大钊、陈独秀、毛泽东、吴玉章等发起勤工俭学运动，组织进步青年到法国和欧洲其他地区去半工半读，让年轻人去直接探索指导我国革命的新思想，寻求改造中国的途径。各地青年闻此，纷纷响应。云南为培养自己的人才，也对此积极响应，争取到了5个名额，由教育局登报招考赴欧勤工俭学学生。

这对于正在高中就读的徐天骝来说，真是天赐良机。他在五哥徐嘉瑞的鼓励支持和进步青年杨青田（兰春）的组织带动下，大着胆子前去报考。但由于天骝这时高中还未毕业，而出国考试必须要有高中的毕业文凭，他只好临时借用五哥的毕业文凭，并借用了五哥的名字去报名。没想到在天骝的努力下竟考取了，获得了赴法国勤工俭学的名额。这桩喜事让全家高兴不已，可也带来了麻烦。因为报上登出的考生录取名单是“徐嘉瑞”，要改成徐天骝是不可能的。如果让考官发现，还会取消了名额呢。为了使弟弟顺利出国，聪明的徐嘉瑞想了一个办法，他把徐天骝的名字改成了“徐嘉锐”。这一改，改得非常巧妙。按当时云南话读音，“瑞”（音：睡）和“锐”不仅是两个字，也是两个音，很容易区别。但按当时的国语（即现在的普通话）读来，则只是音同而字不同，读起这两个人的名字就是一样的了。而英语书写的rui更就是一个字了，译成中文，写“瑞”或“锐”都没有关系的。于是，徐天骝在报到时，用英语拼音稍做解释，就把“徐嘉瑞”改成了“徐嘉锐”，连出国护照都不用重新办理，完全可以沿用五哥过去办过的护照了。事有凑巧，出国勤工俭学的一个报道点设在天津，而他们的大哥徐嘉彦此时正在天津栾城做官，家就住在天津，正好投奔他去。徐嘉瑞急忙给大哥写信去联系，告知留学之事，要让天骝去投奔他。

1920年徐嘉锐（天骝）赴法国留学前在上海

徐天骝留学的事确定后，全家都忙碌起来。徐嘉瑞考虑到母亲年事已高，自己又新丧了妻子，膝前无人孝敬。便和母亲商议，准备将原先为天骝说下的一门亲事提前举行，让他们尽早完婚。把弟媳妇娶到家里来，一是让天骝在外留学安心；另是弟媳来家可以照顾母亲。这很合母亲的心意，立即央媒到亲家处说合。徐天骝的亲事也是说在曲靖，姑娘名叫王桐仙，生在一个诗礼之家，门当户对。这门亲事很快启动，赶着在天骝出国前完了婚。同时就得筹备出国的旅费，这可不是一笔小数字，大家心里也没有个底。徐嘉瑞把老底全部都挖了出来，把母亲和自己手头的首饰、钱币都派上用场，还到亲友家借了一些钱，凭着感觉，估计是可以应付到欧洲了，这才落实下来。徐天骝也很争气，一切准备极为简朴，临走时硬是又给母亲留下一些钱物。1920年3月，他新婚宴尔方9日就毅然踏上了出国之路。

那时，由于土匪猖獗，从内陆出省极不安全。云南人出省的道路主要是乘滇越铁路至越南海防，再从海防绕到香港，再到广州。家中好不容易凑了一些首饰、银钱，政府还给了一些补助，徐天骝省吃俭用，辗转奔波，从海防乘船直达天津，去投奔大哥徐嘉彦处。昆明有一位同样考取赴法勤工俭学的姓雷的同学，彼此正好有个照应，两人于是高高兴兴地结伴同行。但才到达香港，那位同学便被香港灯红酒绿的花花世界搞得眼花缭乱。他仗着家里比较殷实，便执意要在香港多玩几天。徐天骝一再催促他，雷同学哪里听得进去，一拖再拖。天骝无奈，只好只身先行。结果这位雷同学一直留在香港，把家中筹备好赴法国求学的钱花了个精光，最后身无立锥之地，只好求爹爹告奶奶借得些许路费才返回了昆明，他那赴法求学的愿望终成为了泡影。此人为此后悔了一辈子，最后生活无着，流落街头，靠拉锯琴卖艺度日。到老时还常对人讲述着往事说："徐嘉锐我们是一同出国去的，才去到香港，我就被那个花花世界搞得晕头转向，耽误了去法国留学，一直在混日子，现在成了这样；人家坚持去了法国，拿到双博士学位，当了教授。唉，我后悔一辈子啊！"

周恩来大哥

徐天骝的大哥徐嘉彦曾任江苏怀安县、天津滦城县、河北定县县长，家则长期住天津。还在怀安县工作时，有位在县里任录事的周贻能先生，写写算算都很能干。徐嘉彦身处异乡，无亲无友，对他甚为倚重。两人亦话语投机，相处很好。徐嘉彦调往天津时，便邀周贻能一起北上。后来，徐嘉彦又调滦城县县长，帮助他提升为滦城县副县长，两人的关系更好了。这位周贻能先生不是别人，恰巧就是周恩来同志的父亲。此时的周恩来就在天津，正为组织出国勤工俭学而奔忙。徐天骝为留学之事直奔天津，投奔大哥而来。徐嘉彦于是把七弟介绍给周贻能，请他委托给儿子周恩来，务必帮助天骝出国求学。

与周恩来同志的幸运相遇，成为徐天骝人生新的起点。在周恩来的帮助下，他进了法汉补习学校补习法文，并办理好了赴法的一切手续。特别重要的是在周的言传身教下，徐天骝懂得了赴法勤工俭学的目的、救国的道理和人生的意义，这对他这个年龄不足20岁，生长在边陲小城的人来说，实在是太重要了。

在准备出国期间，徐天骝与周恩来在天津相处了一段日子。周的一言一行，举止言谈，都使他深受教育。周恩来比他大几岁，天骝即叫他周大哥。徐天骝当时用的是“徐嘉锐”的名字，天骝仅为号。他们几乎天天在一起，相处密切。

徐天骝当年刚过18岁，从闭塞的边疆地区进入大城市，陌生而拘谨。周恩来给了他无微不至的关怀，对他的每一件小事都热心帮助，使他很快打消了一切顾虑。天津是一个繁华大都市，徐天骝从边远的昆明来到这里，一切都很新奇。周恩来看在眼里，曾耐心地对他讲：“国难当头，我们年轻人要胸怀大志，先天下之忧而忧，后天下之乐而乐。要以苦为荣，以苦为乐，不要去羡慕那些有钱人的排场。我们这次出国赴法勤工俭学，就是准备去吃苦的。我们这一代年轻人，一定要下定决心，到艰苦的斗争中去寻找真理，求得解放。”周恩来那时的生活极简朴，经常穿一件白布褂，着一双干净的旧皮鞋，风度潇洒，神采奕奕。他们平时外出，周恩来从来不坐人力

1920年秋，周恩来赴法留学前在天津

车，也很少坐汽车，经常是步行。他说：“坐人力车是不人道的。”“多走走路，既节省经济，对锻炼身体也有好处。人既生了一双脚，就是要用来走路的。‘用进废退’，不肯走路就要退化。”周的宿舍陈设很简单，一张普通的单人床，一张书桌，一条凳子；桌上的书籍和文具放得整整齐齐。床上的行李同大家一样的简单，唯独不同之处，是他垫得比别人还薄，大有卧薪尝胆之风。在勤工俭学的同路人中，有一个富家子弟讲究吃喝玩乐，谈情说爱。看到此人的作为，周恩来就提醒天骝说：“一个青年，不以国家民族的存亡为念，只追求个人享受，是不对的。”一再告诫他：“切不可学这样的人，这样的为人是没有前途的。”

有一天，他们二人路过英租界，徐天骝对恩来说：“中国人太受气了，自己的国土竟会有外国人的租界！听说有些犯罪的人，只要往租界里一跑，拿黄金、白银给洋人请求庇护，就万事大吉了。还有许多达官贵人，刮尽了民脂民膏，也搬进租界里去当‘寓公’，享受腐化生活，是不是？”周恩来点头答道：“是的，这就是帝国主义奴役我国的具体表现，不过，他们的寿命不会长。只要我们团结起来，奋发求强，是能够把他们赶出中国去的。”

1920年，在周恩来带领下，他们从天津到达上海。陈独秀先生特地在静安寺接见了他们这一批赴法学生，陈独秀先生的儿子陈延年、陈乔年也在座。陈独秀先生精明智慧，谈锋甚健，询问了每位学生的姓名、籍贯等情况，发表了热情洋溢的讲话，给了他们许多鼓励和期望，对徐天骝等赴法青年是个极大的鼓舞。

出国时间临近了，徐天骝心情既紧张，又激动，他向周恩来大哥流露说：“我是云南来的‘老土’，从未出过远门。这回要漂洋过海，远离祖国，怕会碰到许多困难！”恩来亲切地鼓励道：“为了追求真理，非有战胜一切困难的勇气不可。你看过《西游记》么？这次赴法求学，就是要有唐僧取经的精神。不要怕，团结起来力量大。我们去法国学习的同学很多，大家会互相帮助的。”临行时，他又把天骝托付给勤工俭学会的李富春等负责同志。告诫他说："这次我们远涉重洋赴法勤工俭学，目的是求得救国救民的真理，不是去'镀金'，你要深切体会赴法勤工俭学的真实意义。"

经过与周恩来大哥的这一段接触，"勤工俭学为了'取经'，取经是为了救国救民"的思想，在徐天骝心中扎下了根，指导着他一生的行为。1920年到达法国后，究竟选什么专业去攻读？他也是在周恩来大哥的指导下，考虑了云南边疆的实际情况才确定学农的。

周恩来同志的言传身教，在徐天骝的心中打开了一扇敞亮的门窗。他很快接受了这些亲切的教诲，决心不避艰难困苦，奋勇前进。在天津、上海的这些日子，成了天骝终生难忘的岁月。周恩来大哥几番亲切话语，他牢记了一辈子。

法兰西求学的回忆

关于赴法勤工俭学的这一段经历，徐天骝一生中很少对家人细谈。他和周恩来总理的多次接触，更是绝口不提。直到周总理去世后，他才陆续地有所透露。在家人的鼓励下，后又在天津周恩来纪念馆的要求下，他终于提起笔来，写下了两篇回忆文章。要了解他的这一段历史，最好的办法自然是读他自己写的文章。以下记录其中一篇：

回忆赴法勤工俭学

徐天骝

我曾随敬爱的周恩来、李富春等老一辈无产阶级革命家，于1920年去法国勤工俭学，1927年完成学习任务回国，尽管岁月流逝，人世沧桑，已事隔五十多年，但每当回忆周恩来对我的亲切教导和关怀照顾，历历往事，又浮现眼前，铭刻在我的心底。

（一）赴法勤工俭学的背景和动机

我的家乡——云南，地处西南边陲。进入近代以后，遭受帝国主义的侵略和军阀的荼毒，成为英、法帝国主义争夺的势力范围。1901年，义和团运动失败后，俄、英、法、德、意、日、奥、美等国，威逼清政府签订了屈辱的《辛丑条约》，民族危机和社会危机更进一步加深，我就在这一年出生。从记事时起，便目睹帝国主义在中国的国土上作威作福，横行霸道。法帝国主义在把越南变为它的殖民地后，更加紧了对云南的侵略。他们勾结军阀政府，开埠通商，倾销商品，贩卖军火，强夺资源，霸占矿产，并开设“东方汇理银行”，操纵金融，使云南的黄金、白银大量外流。此外，还控制了云南的邮政权，所有邮政上使用的文字，均用法文不用中文。光绪年间，法帝国主义又在云南修通了“滇越铁路”。这条铁路像一条又粗又长的巨蟒，拼命地吮吸着云南人的膏血，加上英法帝国主义把持了中国海关，那时云南人出省就不得不走由滇越铁路乘车到海防，再改乘法国轮船到香港，然后再乘轮船到上海这条路。他们便乘机敲诈，在中途必经的河口与老街之间设立“检查站”（中国人称它作“鬼门关”，法国侵略者命名“廉访座”），以检查护照、行李为名，动辄搜身没收财物，甚至任意关押中国人，投入水牢。更有甚者，法帝国主义还豢养了一批安南亡国奴，指使他们欺压我国人民。这些无耻至极的恶棍，竟然趾高气扬，有时比主子还凶。我从自己的亲身体会中，痛感祖国濒临危亡，忧愤情绪，时刻萦绕心头，但又深深地苦于不知出路何在。

1919年，从北京开始的“五四”爱国运动，迅速席卷全国各地，形成全国规模的反帝反封建群众运动，我省也激起了强烈的反应。自此以后，提倡“德先生”（民主）“赛先生”（科学），宣传新文化的刊物，在传播新思想方面起了很大的作用。同时，《共产党宣言》《帝国主义论》等新书，也大批涌入。我五哥徐嘉瑞是新文化运动的积极响应者和传播者。他经常指导我阅读这些进步报纸、杂志和书籍。在他的影响下，我逐步增进了对民族危机的认识，更加痛恨帝国主义侵略，痛恨军阀卖国。“天下兴亡，匹夫有责”，作为一个爱国青年，我开始决心寻找救国的道路。这时，李大钊、陈独秀、毛泽东、吴玉章等发起勤工俭学运动，组织进步青年到法国和欧洲其他地区去半工半读，俾能直接探索指导我国革命的新思想，寻求改造中国的途径。各地青年闻讯，纷纷响应。我在全省进步青年杨青田（兰春）等人的组织带动、启发和五哥的鼓励支持下，便报了名。当时和我一起报名的共有五人（因出国时规定须持有高中毕业文凭，而我当时高中尚未毕业，不得已只好借用五哥的文凭，因而当时报上发表的消息中是徐嘉瑞的名字）。后来杨青田等因故未能成行，我就于1920年3月独自离开昆明北上，先到天津我大哥徐嘉彦处去补习法语，准备赴法。正是：

内忧外患万民愁，破碎山河几时收！

青年自有祖逖志，漂洋过海振神州。

（二）在天津

天津，是我踏上人生道路的新起点。这是因为在那里我第一次见到了敬爱的周恩来同志，受到他的亲切关怀和具体帮助。我大哥嘉彦当时在天津供职。他与周恩来的父亲是至交。由于我那时还未满二十岁，而且初离家乡，进入大城市后一切都感到陌生，诸多不便。所以，经他介绍我认识了周恩来，受到他多方照料，并设法介绍我进天津法汉学校去补习法文；同时办理一切赴法手续。他对我的关怀，无微不至，真使我终身难忘。

不久，出国的时间临近了，我的心情既激动，又紧张，对恩来同志说："我是云南来的'老土'，从未出过远门。这回要漂洋过海，远离祖国，怕会碰到许多困难！"他亲切地鼓励我说："为了追求真理，非有战胜一切困难的勇气不可。你看过《西游记》么？这次赴法求学，就是要有唐僧取经的精神。不要怕，团结起来力量大。我们去法国学习的同学很多，大家会互相帮助的。"他的亲切鼓励，如同指路明灯，使我坚定了出洋的决心。

由于船位限制，我们决定分批出发。恩来先行，安排我乘"智利号"(Chili)轮船后发。临行时，他先把我介绍给同船的李富春，又把我推荐给勤工俭学会的负责人，托他们关照，并且针对我的弱点，再次语重心长地对我说："这次我们远涉重洋赴法勤工俭学，目的是求得救国救民的真理，不是去'镀金'，你要深切体会赴法勤工俭学的真实意义。"恩来同志于1920年12月到达了法国。我在12月底才由上海起航，行期相差一月左右。几十年后，回忆及此，我还写了一首诗：

缅怀总理忆当年，情丝起伏万缕牵；
桩桩往事注心头，老骥志在四化现。

（三）漫长的水上生活

我从天津到上海，曾在上海做了短时间的停留，在此期间，当时颇有声望的进步教授《新青年》的主编者陈独秀，接见了我们二十多个同学（陈的两个儿子延年和乔年也赴法勤工俭学）。他身体瘦小，而双目炯炯有光，谈锋甚健；谈话的时间仅20分钟，内容除询问个人情况外，诸多勉励之辞。

1920年12月底，“智利号”开船赴法。当时的轮船票价很高，一至三等舱船票，需3千至5千法郎一张。我因无力负担，只好约了几个同学去坐每张票价不到1千法郎的四等舱。所谓四等舱，其实是无等舱。我们的那一舱是食堂的仓库，里面圈满了猪、羊，并加上一些蔬菜。在畜厩的附近，留有几个空格，那就是我们的座位了。这里只有几个盘子大的“牛眼窗”，遇到风平浪静时，才可以打开窗子透一口气；但是海上经常狂风大作，巨浪翻天，关之还惟恐不紧，怎敢乱开！过海防以后，特别是经过酷热的红海海面时，连船上的油漆有时都会在高温中熔化，我们每吃一盒饭，都要拭汗如出浴，加之座舱中污秽不堪，且热且臭，真是闷煞人也！只有在船行比较平稳的时候，才能到甲板上去吸点新鲜空气，吹点海风。但所谓船行比较平稳，也只是相对而言。甲板上有时也会颠簸，站立不住，引起呕吐，而且大浪打来时，衣服又尽湿。因此，为了能到甲板上去坐着休息，我们多数人都买了帆布靠椅，而且写上了自己的名字，不料我买的第二天就不见了。后来我发现是一个法国水兵占用着。我好言请他还给我，他却不理不睬。我气极了骂了他一声“Voleur”（贼），他立即恼羞成怒，扑上前来举拳相向，妄图动武。船上的中国同学见状把

徐天骝在法国巴黎大学校园内

他团团围住，他才夹着尾巴跑了。到第二天，又有好几位同学的靠椅失踪了，后来发现全部被法国水兵丢在海里了，于是激起义愤，认为这是欺凌中国人。有人提出派出代表去见和我们同船去法的大使陈箓，请他和船长办交涉，可是，要想找陈颇不容易，因为船上的等级非常森严。陈坐的是头等舱，从我们这无等舱到他那里去，代表们争诉委屈，希望他替我们出口气。谁知他听了之后，竟狡猾地说："堂堂大使哪能管这些小事。而且我本人尚未到任，更难受理。"陈箓是安福系的主要人物，是段祺瑞卖国集团的黑干将，早已臭名远扬。他对这件事所持的态度，让我们更加看清了他的洋奴嘴脸。同学们气愤异常，纷纷指着他的鼻子据理痛斥，骂得他张口结舌，无言答对，从此龟缩在高级舱内，再也不敢出来见面。但洋人是欺软怕硬的，经过这场斗争后，法国水兵便稍稍敛迹，有的还主动来向我们赔礼道歉。

船上生活，使人最为痛苦的是一日三餐。上船初，茶房就叫我们列队逐一点名。每人发给一套餐具。每次开饭都要等全船的旅客吃完了才轮到我们去把饭拿回舱内来吃。我们的座舱离厨房很远，由于船颠簸得厉害，空身行走都很困难，何况双手还要捧着饭菜，因而遇到风浪大时，经常搞得连爬带滚。在厨房里，还要看洋大师傅的嘴脸，他不高兴，随便给点残汤剩菜，一块黑面包便算打发了。大家都感到“吃饭难”！

船在新加坡靠岸时，我们曾蒙当地爱国华侨盛情设宴招待。他乡逢亲人，格外感觉温暖。白发苍苍的华侨老代表举杯祝酒，深切祝愿我们勤学苦练，将来成为重振祖国的栋梁。爱国侨胞的这一片真情与厚望，使我们受到极大的鼓舞。

由于航程艰苦，有的同学发生了埋怨情绪，发牢骚说：“这样的轮船，坐一次要少活一岁！”我一度也曾发生过共鸣，可是一想到周恩来的勉励“此次赴法学习，就是要有唐僧取经的精神”，畏惧心理便又一扫而空。经过42天的海上生活，我们终于到达了法国的历史名港——马塞。

这42天，在我的人生历程中，只是短暂的一瞬，然而，却留下了不可磨灭的记忆。

求学如爬千里坡，驾船踏碎万顷波！

有志登临桑西峰[①]，“取经”何惧骇浪多！

注①桑西峰是法国中央高原的最高峰。

（四）在法国勤工俭学

从马塞转到巴黎后，几经周折，我们才进了Creusot-Schn-eider（克鲁梭-史乃德）工厂去做工。这个工厂是一个大型军火工厂，主要生产大炮。我被分配做轧钢工。当时，该厂的轧钢工序中，除多数过程靠机械外，小部分还要靠手工操作，劳动强度很大。我的具体工作是拉红钢板。轧钢机将烧红的大钢块扎成一公尺长的小钢板后，便由我们两人一组地用钳子去夹住，拖到广场上冷却。灼热的钢板烧得我的手和脸生疼，衣服不断地被汗水湿透，又被钢板烤干，复又为汗水湿透。特别是在靠近轧钢机时，火星四溅，炙皮灼肤，苦不堪言！就在这种劳动条件很差的环境中，我们每天至少要工作8小时。我自已吃的经常是“冷水饭”——用极便宜的法国红葡萄酒兑上开水，装在水壶里，边啃着面包边喝冷酒水，就算进了一餐了。这样节俭的吃法，为的是多多积蓄点工资，以便求学之用。由于体力消耗太大，虽然我们都是身强体壮的青年，不少同学后来还是由于身体支持不住而被迫离开工厂。在艰难困苦中，我是随时以周恩来“要有战胜一切困难的勇气，要有唐僧取经的精神”的教导来策励自已，而没有停止自己前进的脚步的。并且还坚持在早晚工余之暇，挤出时间，战胜疲惫，自学法语和其他功课。

通过这一段时间工厂生活，我们和厂里的工人们相处了一段时间，彼此有所了解后，逐步地有了共同语言。他们经常和我谈到资本家对工人的残酷剥削和压迫。我也亲眼看到了资本家为了榨取最多的剩余价值，不顾工人的死活，敲骨吸髓的压榨情景。尽管工人已累得浑身是汗，但工头们仍在大嚷大叫：Vite！快！快！！Allez！Allez！上！上！！在工作时间内，连大小便都要请假。资本家还以妨碍工作为名，不准工人看报、看书，更不准谈论政治。工厂里的条条框框既多且严，稍一触犯，轻则克扣工资，重则打破饭碗！工人的子女一生下来，就要在厂里登记。名义上可以领取几文有限的补助费，实际上是发放“卖身的订钱”。因为这些孩子长大了，就要因此像他的父母那样去替资本家当牛做马。资本家还在自己的厂内开设商店、饭馆和娱乐场所等，把工人们刚拿到手的工资，转眼再赚回资本家的腰包里去。我也曾看到英勇的工人团结起来反抗资本主义而被武装警察无情镇压的情景。

我自己是过贫苦生活长大的，对无钱无势的劳动人民受剥削被欺压的境况，自幼年起就有些感受，这时又看到资本主义的法国的阶级状况，并亲自尝到了滋味。

在克鲁梭工厂干了一久，我在赴法同仁的帮助下，转入一家私人苗圃去做工。这个苗圃专门培育供观赏用的玫瑰花幼苗。在这里，除了空气比工厂里新鲜外，劳动强度和工头的凶狠，比起工厂更有过之而无不及。有一次我在嫁接幼苗时不慎将大拇指削伤了一大口，血流不止，经包扎后，工头叫我回去休息。我当时还很感谢他的“好意”，不料到发工资时，才知道那几天完全没有工资。

就这样，我一年辛苦到头劳动所得的工钱，竟还不够交半年的学费。我终于明白了资本主义制度下“勤工”无异是为资本家充当廉价劳动力，想以勤工来达到俭学的目的，是难于上青天的。

后来我在继续做苦工拼命积蓄外，幸又得到多方面的援助，才算能够开始俭学的生活了。在“民以食为天”“以农利国”等传统思想的影响和我自己目睹祖国农业技术落后的现状，想为改变祖国的农业面貌出一点力的想法支配下，我决心学农业科学。先在法国黑爱能农业学校 Ecole d’ Agriculture Renne Bnetagne 学习，然后又到法国国立农学院 Insttut — nation — ale d’ Agronomle coloniale 深造。毕业时，取得农业工程师学位。

我们留法勤工俭学同学中的光辉榜样是周恩来。从 1920 年 11 月到 1924 年秋天，在将近四年的旅欧日子里，他为革命日夜奔波、操劳，多次来往于法国、德国、比利时和苏联之间，不仅成为一名著名共产主义战士，而且总结、积累了丰富的革命经验，已成为共产党杰出的领导人之一。他曾在法国领导勤工俭学同学展开“二八运动”和进驻里昂中国大学的战斗，提出争取“生

与法国同学一起进餐

存权”“求学权”的响亮口号，对陈箓、吴稚晖等进行针锋相对的斗争。恩来还经常在巴黎近郊勤工俭学学生集中地的大学区、工厂区、华工区中进行宣传组织工作，经常发表演说，歌颂十月革命的胜利，宣传马列主义。他的每次讲演，都使与会者受到极大的教育和鼓舞。广大旅欧同学和广大进步人士，经过他和赵世炎等的组织，已紧密地团结在中国共产党旅欧支部的周围。

当时在留法勤工俭学学生中，还有蔡和森、王若飞、陈毅、李富春、陈延年、陈乔年、李维汉和现仍健在的邓小平等，都有很高声望。

这批勤工俭学留学生回国后，对我们国家和

民族，起了很重要作用。其中的多数人在早期便成为中国共产党最有才能的领导骨干分子，有的同志为人民的解放、民族的复兴，献出了宝贵的生命！也有不少健在的同志，今天仍然是党和国家的栋梁。还有一部分同志是在科技、文教战线上勤奋工作，也为祖国做出了一定贡献。因此，在伟大的中国共产党领导中国人民英勇奋斗、取得革命胜利的光辉史册上，旅欧党组织的活动这灿烂的一章，是应该大书特书的。

当时我因住处离巴黎较远，恩来又异常忙碌，而且不常在法国，所以，到法国后，我只跟他见过几次面。他曾语重心长地对我说："要注意身体，好好学习，将来回国后，对人民多做贡献。"这几句深铭我肺腑的金玉良言，一直是我在法国和回国后学习与工作的指针。

由于我在出国前只受过中等教育，迫切地要求迅速提高自己的科学文化水平。加上自己还不像北京等地的先进青年那样，通过五四运动，已经开始接触马列主义。因此，当时我虽有强烈的热爱祖国的思想，却仍只知道"科学救国""读书救国"。在选定学习农业科学后，总认为自己远涉重洋，好不容易才到法国，一定要集中精力埋头学习好科学技术知识，才不负此行。勤工已占去不少时间，只有在俭学中去补回来。那时我的法语基础很差，要想顺畅地接受知识，不能不把全力投入学习语言中去，于是，我打了一个笨主意，就是设法到没有中国人或少有中国人的地方去工作和学习，以逼使自己熟谙法语，当时并不曾料到，这样一来，竟使自己在后来很少有机会参加集体生活和政治活动，这是一件至今自责不已的憾事。周恩来、赵世炎、邓小平等无产阶级革命家，将永远是我们学习的榜样，勤工俭学留学归来为革命牺牲的烈士们，将永远活在人民的心中。

出国怀抱凌云志，归来沧桑巨变时；
读书救国疑无路，惟有革命谱新诗！

1978年8月，时年80，写于昆明

（原载《昆明文史资料选辑》第11辑，后收入《徐天骝文选》）

在巴黎等待工作期间，还出现了一个有趣的插曲。勤工俭学的同学们在赵世炎、周恩来、陈延年、李富春等组织下，很团结。每月有定期的集会，分析国际国内形势，介绍国内情况，交流勤工俭学心得等，相互照应，增进友谊。在一次聚会时，富家子弟赵某以为云南的穷学生好欺负，突然把徐天骝按倒在地，狂叫：“大家来看，云南人有尾巴！”边叫边脱天骝的裤子。李富春首先大声呵斥：“不许胡来！不许胡来！”并上前制止。贵州兄弟黄齐生、王若飞箭步上前，举拳制止。天骝怒不可遏，纵身起来一拳将赵某打翻在地，大家齐声叫："打得好！"后来赵世炎将此事在一次会上严肃批评了赵某的错误行为。并强调，今后绝不允许此种有侮人格、有损中国人的形象、有害团结的丑事发生。说也真巧，后来徐天骝和赵某都到了云南大学教书，一个是农学院教授，一个是化学系教授。两人相见，赵还调皮地问："人前脱裤子好受吗？"徐也风趣地说："云南的'四两坨'味道不错吧！"相对一笑，成了好朋友。"四两坨"原是云南火腿月饼的旧称，此时是将它比喻为"铁拳头"。

学成"双博士"，急切归国

徐天骝曾对家人谈到了自己是怎样确定学习农业志愿的。他认为中国是一个农业大国，自己从小就受到"民以食为天""以农立国"等传统思想的影响，非常看重农业。长大后又目睹祖国农业技术的落后现状，农民生活的极端困苦，与国外的差距太大了。到法国后，先后到几个工厂、农场勤工俭学，反复考虑后，决心学习农业科学，要为改变祖国的农业状况出一分力，因此最后还是找到一家农场去做工。真是老天不负苦心人，这一次他总算交了好运，真找到了一份好工作。

这家农场很大，品种多，员工有一定规模，他在这里开始接触烟草等经济作物和现代管理知识。农场主人叫乐杰，有学问，善管理，经营有方，为人特好，是个大学教师。他看到徐天骝勤奋好学，为人诚恳，做事可靠，非常信任他。又听了徐天骝讲了自己的求学过程和到法国来的志向抱负，对这个中国留学生的所想所为非常感动。多次接触后，他们从农场主和雇工的关系，变成了朋友关系。乐杰便准他半天工作、半天学习，并亲自教他学习法文。不久又介绍他进入莫芬联合中学和芒什中学修完初、高中数、理、化、生物课，最后他取得了这两个学校的毕业证书。景况渐好后，乐杰又介绍他分别进了一家农产品加工联合企业和一家卷烟生产联合体做实习员、技术员和技师。他在艰苦的实践磨炼中，不仅学到了科技和管理知识，而且大大丰富了自己的知识面，打下了坚实的俭学经济基础。

1924年，徐天骝先入雷恩——布列塔尼黑爱能学校学习，取得文凭和学位后，以优异成绩考入国立瓦乐耶大学，毕业后获得法国国家博士学位；后又再入国立巴黎大学农学院攻读，又获农学博士学位。在获得双博士学位后，他的导师很想让他留在法国，乐杰也鼓励他留下来，并以高薪相聘。但他想到了周恩来多次对他讲的留学的目的，没有为法国工作的优越条件所动。他报国心切，毅然于1927年7月20日以“双博士”的成绩告别法国，坐船先到越南西贡，后经河内回到家乡昆明。

1927年10月，徐氏家里传来了一件大喜事，徐天骝从法国学成归国了。为着弟弟的到来，徐嘉瑞在华山东路的大绿水河租了一处房屋，把家搬到那里居住。

11月19日，26岁的徐天骝带着法国“双博士”学位，怀着报效祖国的心愿，从千里之外回到了昆明。云南省昆明市各届代表和他的好友专程赶到东郊状元楼去远迎，迎到金马坊时，就在金马坊下举行了热烈而隆重的欢迎仪式。各届代表轮番热情讲话，欢迎这位农学博士载誉归来。金马坊下一时聚集了大批群众，只见人头攒动，围得水泄不通。大家还为他披红挂彩，热烈鼓掌庆贺。会后又被众人簇拥着，从三市街、正义路、马市口、华山东路，一直把这位载誉归来的博士送到大绿水河家中。徐天骝到法国学习，历尽了艰苦曲折，终于以顽强的毅力出色地完成了学习，没有辜负家人和乡梓父老的期望。

徐天骝是个重情谊的人，他对在法勤工俭学8年的学习、生活永远不能忘怀。在老师的教导下，学到了新知识，造就了真本事，他怀念老师，怀念帮助过他的所有法国朋友们。他很想在有生之年再回巴黎去看看那里的新变化，学习那里的新知识，可惜没有等到这样的机会。法国人民是有情有义的人民，也没有忘记徐天骝。一些法国朋友在昆明难以沟通的事，或难以翻译的文件，都找他帮助。他在开蒙垦殖局工作期间，往返昆明与草坝之间的滇越铁路列车上，法国人为徐天骝设了免费专用车厢，他还带夫人免费坐车去到河内、西贡旅游呢。

寻找人生事业坐标

徐天骝在法国先后进入两所大学学习，获得农学“双博士”学位，毕业后立即回到家乡，报效父老。先是担任中学教师，从教书育人做起，后为昆明设计并种植下第一批行道树，美化了古老的昆明城。

为发展本省经济，改造荒地为农场，省政府调任徐天骝为开蒙垦殖局副局长兼草坝农场副场长。他运用他的学业专长，白手起家，周密规划，迎难而上，日夜工作在田间一线，在开远、蒙自间的荒草坝中开垦出8万亩良田，建设起云南第一个现代化农场，当年即获丰收。几年间，草坝农场发生了翻天覆地的变化，从大片杂草丛生的荒地变成旱涝保收的良田，从人迹罕至的荒山野坝变成人口熙攘的小镇，逐年为政府拓展了经济收益，并接受了大批省外流亡难民，有效支援了抗战。

草坝农场的建设，使徐天骝找到了一块用武之地，在人生事业的坐标上留下了光辉的亮点。

从教书育人做起

徐天骝回到昆明，家人都很高兴。虽然他每年都有几封信寄回家来，但家人和亲友还是对他在法国的生活和故事很感兴趣，想听他多讲一些。那时，国民党已在全国捕杀共产党人，到处是一片白色恐怖。云南的斗争形势总要比外省晚一些，这时正处于大革命炽烈的烽火中。但云南境内的几家军阀还在混战，社会动荡不安，妇女协会、中学学生会都有许多积极的活动。白色恐怖也正袭来，反动派已开始在逮捕残杀共产党人。五哥徐嘉瑞是地下党员，早已把当前的形势悄悄通告了天骝。因而在对亲友们讲话时，对于和周恩来等人的交往，他闭口不提，只是讲了一些生活的艰苦和异域趣事。

徐天骝的思想也是积极进步的，还在法国就读时，他抽空翻译了几篇进步的小小说寄回来，如福楼拜的《石头会做证人吗》，依格威克特尔的《两个可怜的孩子》等，阐明了自己的进步观点，发表在五哥编辑的《澎湃》刊物上。当他回到昆明时，立即感到周围革命氛围的高涨。首先映入他眼帘的是五嫂、妻子和一些侄女、侄媳都剪了短发，使他甚为惊讶。而市上所发行的书报中，也随处可见革命进步的言论。但天骝为人比较胆小，行事谨慎。自己刚回家，无论寻找工作，还是待人接物，都是比较小心的。

这时的云南大学，还没有设农学专业，省内也更没有什么相应的科研机构。徐天骝回国后，很难找到像留学的法国那样的工作单位。面对当时的社会形势，他早已和五哥徐嘉瑞商量，还是要从实际出发，找点工作，先干起来再说。他们首先想到的就是教育工作，这是一项家传的事业。教书育人，为国家培养人才，也是他们两兄弟早就有的意愿。徐嘉瑞当时已是省立女子中学、成德中学、求实中学等几个中学的国文教师，在教育界小有名气，便介

1928 年与昆华女中学生在昆明西山龙门

绍他到省立女子中学任教。后来，天骝又先后被省立女子中学、省立女子师范、省立一中、省立师范等学校聘为生物教员、教务主任、训育主任，后又任省立农校教员、教务主任等教职。于是，他们两兄弟便常常在同一个中学里教书。

特别是在省立女子中学（昆华女中），他与五哥徐嘉瑞一起在那里任职，历时最长，是他们传播进步思想的地方。在这所学校里，有一批思想左翼的教员，他们高举五四运动旗帜，宣传进步科学、民主、救国之道。

1928年徐氏兄弟与昆华女中学生（左坐者为徐天骝，立者为徐嘉瑞）

他们都很团结，引为至好，影响了这座学校的学风。相当的一段时间里，徐天骝仍使用着“徐嘉锐”的名字，“瑞”“锐”两字难分，师生们常把两兄弟混为一人。后来，为了区别他们昆仲，师生们便以“大徐老师”和“小徐老师”来称呼，这既方便，又很亲切，一时风行全校。有的更亲切地按他们兄弟的排行称为“五叔”“七叔”。学校离家不远，家中的孩子们就送入女中附属幼儿园和附小。女中学生们常到家中来，厅堂里常是人坐得满满的。他们谈笑风生，切磋讨论，热热闹闹。学校里每年都举行“同乐会”，家里人也常去看他们跳舞、唱歌、演出话剧。徐嘉瑞编写的《伤逝》《飞机师》《倭文子》等几部话剧都在学校礼堂上演，不少演出是宣讲女性解放的内容。当时这所学校不仅是省内最高女子学校，也是一所传播进步思想的学校。从这所学校毕业的许多人都走上了革命道路，徐天骝和学生们也建立了非常亲密的关系，当年的浦琴英（即卓琳）、张增智等都是他的得意学生。后来他们不管在什么岗位上，都经常与老师保持着联系，从未忘记两位徐老师对她们的教诲。

徐天骝当时在多所中学先后任职或兼课，为教书育人做出了贡献。有些人对此也很不理解，认为像他这样一个在法国喝了8年墨水的洋博士，回国后当了个中学教书先生，岂不“大材小用”？可他则认为教育实乃当时社会之需，愿把教书育人当己任，把教师作为天职，在这个岗位上努力工作，做出成绩。尽管他后来任过一些官职，但仍然是以业务教师毕其一生。

1928年1月，在蒋介石任命下，龙云刚刚当上云南省主席，军阀混战局面得以宁息，云南开始进入一个较稳定的时期。龙云正四处物色人才，以推动地方建设，建树自己的政绩。当时省建设厅农业部门无人负责，官职正空着。龙云听说本省的一位博士从法国学成归来，特别派了专人来找徐天骝，拟召见他委任一个官职。徐天骝听说后，对来人一再表明，自己不是一个当官的材料，自己赴法国学农的目的，是要求能做农业技术或教育工作，实实际际地为家乡做一点贡献。他的五哥徐嘉瑞也很赞成这一想法，帮着他向省府来人婉言解说。龙云接受了他们的意见，以后便安排了他负责一些农业方面的具体工作。先是在云南省建设厅三科二股任股长兼农牧场长，省农业技术推广委员会任常务委员，后又任省农矿厅技正兼视察员、大普吉昆明农事实验场场长、省经济委员会专员等职。他朴实的作风、勤奋的钻研精神和管理上的能力使他博士的才华得到充分展现。这位留法归来的“双博士”，在龙云心中逐渐留下了较深的印象。

昆明初现行道树

1931年，徐天骝被任命为云南省公路行道树植保局副局长、局长，又兼任了刚成立不久的东陆大学法语教授。他怎么会跟行道树扯上了关系呢？

原来，前两年在担任大普吉昆明农事实验场场长时，由于农场大片的都是旱地，他就在农场培育了一批树苗，有云南常见的桉树、杨树、桑树等，还有托法国朋友带来的梧桐树。省农矿厅的头头好奇地问他，培育这些树苗做什么。他当即回答说："昆明这么美的一个城市，你们不觉得到处都是干焦焦的吗？我们做农业耕作的人，有条件把她打扮得更好些嘛。"这一说，头头们来了兴趣，便要他先做一个计划进行研究。

徐天骝对云南家乡一往情深，这里气候凉爽，水草肥沃，说它到处青山绿水是一点也不夸张的。但他从法国回来后，就感到深深的不足了。云南与法国的气候条件相类似，可是法国农村绿地的覆盖面极为广阔，浓密的森林常常连接着大片的天然绿草地。一群群牛羊在草地上悠闲地吃草，真是一幅美丽的天然画卷。法国城市中的街道两旁，更有着浓密的行道树，绿荫遍地，宁静凉爽，使城市更加美丽。因此，他总想着自己这个学习农作植物的人，有这个责任，也要把家乡变得更美丽。有了这些想法，他在就任大普吉农场场长时，即抓住机会培育一些树种，想着做个准备，总是能够派上用场的。他知道，农作物的周期是比较长的，就当是有心人权且做件无心的事。这也有如培养人才一般，古话不是说"十年树木，百年树人"嘛！如果没有什么准备，真到用时，临时抱佛脚也来不及了。

计划做了两个部分，一是城区街道的行道树，另是郊区公路的行道树。农矿厅在讨论中，把郊区公路的行道树计划又扩大为全省范围，上报给省政府酌处。没想到这个计划还真的被批准了，因为它正合了省主席龙云的心。龙云上台不久，正想着要有一些大众看得见的治理成效。昆明是云南省会，是全省的一块脸面。为了美化昆明，龙云曾采纳了一些人的建议，将一些街道的粉墙全部刷成浅黄色。当时的太和街由于粉墙较多，刷成一片浅黄，使得整条街道整齐美观，十分突出。而行道树还从未在昆明出现过，这一举措简易可行，也不费多少钱，就能做出一番新颖、体面之举，又何乐而不为呢！从昆明的市容，不就可以看出这个省的精神面貌，看出省主席的治省能力了吗？因此，省政府尽快批了公文，要农矿厅拟出具体计划和操办人选。于是，成立了省公路行道树植保局，徐天骝被任命为副局长，后又任了局长。

接到了任务，徐天骝很是高兴，把这件工程看作是自己对家乡父老的一个回报。他找来了一批工程人员，立即搭建机构，付诸行动，并且在大普吉农场等地加紧培育几种所需的树种。

行道树的计划容易拟定，真正付诸行动困难不小，最难的就是选定和修整街道。昆明最热闹的街道是正义路、三市街，若能将这段街道做成浓荫密布的绿荫带，那该有多好啊。可是，正义路街道较窄，商铺密集，行人流量大，在一个有限的空间做行道树是吃力不讨好的。他们选来选去，看中了金碧路和与其相接的三市街。这里的街道已有较好的基础，人行道也较为宽些。与市中心连接较近，种上行道树会有不错的景观。

街道选中了，最难的一步就是必须修整街道。首先要清理疏通街两边的下水道沟渠，还要清除人行道上挡道的临时建筑，而街面上坑坑洼洼的路面也必须铺平。有了好的街道，与行道树才相匹配。这一工程远比种行道树要浩大得多，是省政府没有估计到的。待具体的预算报告报上时，倒还作了难。好在所选的路原先已有些基础，经费突破不多，也就下决心准报，很快拨下了经费。

那时的昆明，汽车是极少见的。开挖路面，修整街道，毫不影响交通。金碧路、三市街几个地方同时开工，虽然七坑八洞，灰喷灰冒，人力车、马车和行人照样来来往往。作为副局长的徐天骝，时常出没在那些灰尘烟云里，挥汗指挥着工程的进展。

关于选择树种的事是一件大事，为符合省政府的要求，他们直接请示了省主席。这天，徐天骝带上了几种树种的图片，来到了五华山。龙云很客气地接见了他们。徐天骝介绍了树种图片，他特别拿出图片上有一人多高的一丛小树介绍说："这是从法国引进的梧桐树，很适应云南的气候，我已在大普吉农场试种了，长势喜人。"龙云颇感兴趣，似乎在哪里见过。天骝说，这种梧桐树在法国很普遍，公园里到处都是。由于树状美丽，树叶开阔，法国人特别喜欢用来做行道树。春夏两季，大街两边的人行道变成了绿荫道，又凉爽，又漂亮。龙云频频点头，自言自语地说："哦，画报上所见，画报上所见。"徐天骝平时比较胆小，尤其当着龙云的面，言词十分谨慎。但他对法国梧桐情有独钟，这时却大着胆子进言，昆明的行道树就准备采用法国梧桐。龙云反问说："你刚才不是说，这种树秋天会全部落叶吗，冬天不就没有行道树了？"徐天骝忙解释说："主席，冬天虽然没有树叶，但树干的形状很美，一排排看过去，也很漂亮。何况冬天也应该让阳光洒满街道呢！"龙云笑着点头，连说："有道理，有道理！"关键的树种定夺后，又确定了计划中安排的从昆明通往玉溪、楚雄公路的行道树，均以桉树做基础，为第一批示范建设。

经过几个月的努力，美丽的行道树终于在昆明街头展现出来了。在新修整的街道上，稚嫩的树枝，在街头随风微微颤动，使春城增添了一派生机。几年后，这批小树茁壮成长，用它美丽的枝干和阔叶，在夏日中为人们遮蔽着骄阳，在阵雨中奏响了滴答的乐曲。一次，徐天骝邀约着法国朋友柏西文先生和五哥徐嘉瑞同在南来盛咖啡馆的楼上小酌，看着窗外雨中的梧桐树滴答作响，柏西文先生举着大拇指，连连对天骝说："这是你对昆明的一个大贡献啊！"天骝也笑着对他说："这也要谢谢你的指点呢！"

柏西文先生是创办昆明达文英语专科学校的教育家，为云南培养了一批批的外语人才。他终生独身客居昆明，做出了很大的贡献。徐嘉瑞是他的门生和达文学校的高级班教师，而徐天骝和柏西文又同时被东陆大学聘为法语教授，彼此非常熟悉。为了种植行道树，天骝还请教过柏先生呢。

有了一块用武之地

抗战前夕，局势稳定，主政云南的省主席龙云，为了发展经济，开始注重扶持和发展农业。省政府和经济委员会考虑打破传统个体小农经济的格局，由政府兴办现代农场，增加地方财政收入。当时已知道在开远和蒙自一带有大片荒地无法耕种，决定要利用起来，于是龙云在省务会议上提议，委派徐天骝去办此事。办农场正是自己对口的事业，徐天骝接任后，立即沿滇越铁路乘火车到开远、蒙自一带亲临考察，了解情况。

原来在开远县和蒙自县相接的地方，有大片无法耕种的荒地空着。放眼望去，土丘水塘，杂草丛生，浑浑蒙蒙，几乎望不到边，好大一片！但因地势低洼，雨季土地积水，冬天则板结成块，无法在里面种庄稼。当地老百姓只是在周边山坡地上耕作，这一大片荒地，无人问津，被称为“草坝”。经徐天骝他们调查发现：这一带地广人稀，气候温和，土地肥沃，但面对连片的土丘泽地，水流分布不均，个人是无力开垦的。若是能兴修水利，平整土地，垦荒种地大有前途。经过认真的调查研究，科学的分析论证，他们提出了一份可行的报告。

调查结果上报后，得到了省政府的重视。省主席龙云专门召见了徐天骝，并和当时主管经济决策的缪云台等听取了他的汇报。徐天骝以他独特的见解阐述了草坝的现状和优越条件，对开发的初步设想及远景。他肯定地说，如果政府大力进行开发，当年播种，当年即可获得丰收。这位农学博士的一番阐述，有根据，有办法，在座者无不动心。省政府很快地做出决定，由云南省经济委员会属下负责滇南开垦，并于1936年8月15日，成立开蒙区垦殖局。为让徐天骝不受行政事务的羁绊，专心农场开发业务，任命他为副局长，主管农业技术。任命杨士敏（文波）为局长，负责行政管理。

这真是一个绝好的机会。自打归国后，徐天骝一直在寻找能够发挥自己学识的地方，但接手的都是一些小打小闹的事，总觉得没有一个用武之地。上次到草坝的初步考察，使他欣喜异常，这不就是自己施展才能的机会来了吗？因此，他接任后，立即带着一帮人马奔赴开远县。他们反复勘察，决定在一个叫大庄的地方安营扎寨，作为据点。这里靠近滇越铁路，虽然快车不停靠，从碧色寨车站下车也不远，毕竟交通方便。随后选了一个称作“三家寨”的稍为干燥的地方圈了一大块地，作为立足点。他们仿照着当地老百姓的做法，割来山茅草，编起竹篱笆糊上泥做墙，先搭起了临时草房，立即开展工作。这里面对的是大片水草地，荒无人烟，附近连个村庄都没有。徐天骝和杨士敏分了工，各抓一头。稍作安顿，天骝便带着几个懂得水利和农业的年轻人，深入到这片茫茫草地中去了。

这已是八九月间了，一些积水渐渐退去，倒给他们带来一些方便。但这是多年形成的水草地，到处是坑洼、沟壑，毒蛇、蚂蟥、猛虫无处不在，沿着周边走一天，几乎见不到一个村庄，要深入勘察是多么的困难。但徐天骝却充满了热情和信心，在法国时，他不就梦想着能有一个农场吗？回国几年了，这梦想越来越强烈。在学校教书，是一个不错的工作，可自己是学农的，是要在大片的土地上以耕耘施展才能的。没有土地，学识又能有什么作为！为了实现自己的心愿，他曾在家中弄来一些花盆，种下了花卉、菜蔬，甚至还种了几棵烟草。虽然长势颇好，但又算得了什么，玩玩而已。这下好啦，想不到得了这么大的一片土地，正是自己梦寐以求、得以施展拳脚的地方。所学的东西，全部都可以在这里开花结果了！这正是他人生事业中的一个重要坐标。这个未来的农场鼓舞着他，激励着他，使他充满了信心和力量。他带着七八个年轻人，整天奔波在水草地上。白天，就着军用水壶啃一点干粮。晚上尽量找到一个村庄，在老百姓家吃饭住宿。那时还没有胶筒鞋，他们的脚上经常被蚂蟥叮咬，腿上常常糊满了泥巴和鲜血。有时累了，在阴凉处稍事休息，天骝就给大家讲在法国工厂、农场的艰苦生活，讲那些老板的剥削和无情。又讲草坝农场美好的远景，年轻人都很受鼓舞，个个精神百倍。住在老百姓家，天骝也给他们做建设农场的宣传，希望他们也来参加农场的建设，将来会有好日子过。老百姓听了也很高兴，一些青年农民更是迫不及待地要跟着走了。他们所到的村庄，都受到欢迎。给老百姓一些钱，老百姓高高兴兴，尽其所有地为他们做饭、抖床铺。

几天的勘察，徐天骝跑遍了这块草地，在心中逐步形成了一幅蓝图，做出了一个远景规划和近期开垦方案。于是，他和杨局长商议，先在当地招兵买马，建立起几支队伍，并从省里请来了水利工程人员做实地勘测，挖渠修堤，开河架桥，首先疏通水害。一边盖起简易的办公室及职工宿舍，以便集中规划和指导农垦工作。他们还在昆明做宣传，招收了一批技术人员和工人。随着工作的开展，农场工人招来了，周边老百姓也来了，聚集起了浩荡的建设队伍。在徐天骝的规划中，大片的土地种植水稻，部分种植旱地作物。同时开辟了经济作物区、林木作物区。农场驻地附近还有试验田、蔬菜园、果木园。经过丈量，农场的可耕地有8万多亩。为了人员交流和运送物资的方便，徐天骝还在昆明、开远、蒙自主动交了一些法国朋友。由于他为人诚恳热情，谦逊和蔼，和这些朋友相处很好，为农场提供了许多方便。往返昆明与草坝之间的滇越铁路列车上，法国朋友还为天骝设了免费专用车厢。

功夫不负苦心人，经过一个秋冬的建设，草坝农场已初具规模。

荒草坝巨变

早期的农场垦殖工作是开沟挖渠，兴修水利。等积水排尽，土地干硬后，再做垦殖。全农场开挖了两条大的河道，共挖土石85万方。一条名为龙公河，是因为在开挖时挖出了“龙骨”，其实就是恐龙化石，由此而得名；另一条则按附近一个小村庄的村名称为嘉民河。两条大河又开挖出各条支渠、沟道，顺序排号，形成整个农场的灌溉供水网。这个灌溉供水网的形成，完全改变了这片荒草坝的面貌，把一个水旱不匀、杂草丛生、无法耕种的荒地变成了良田。紧接着第二年的春种秋收，正如天骝所预言的，当年就见成效，赢得了丰收。他实现了自己的梦想，也向省政府交出了一份满意的答卷。以后几年的建设，农场逐步完善。不仅养活了本场职工，过起了较好的生活，还向省里提供了大批的物质资产。到1940年时，经过不断的努力，逐年扩大开垦面积，已累积开垦农田8万余亩。

徐天骝按照在法国的所学所见，又翻阅了许多资料，在这片开阔的土地上办起了新型大农场。同时吸收了国外现代农场的管理办法，在农场机关设总务、农务、工务、财务各课，秘书室、农业技术室、材料处理处中心及农事实验场，还有人专管牲畜的养殖、放牧等。在这被开垦的大片土地上，不仅种植水稻，还种杂粮，又种了桑树养蚕，种甘蔗、烟草、林木等多种经济作物。仅3年时间，垦殖局农场机关职员，已达百余人。长期农业工人达到552人，均系男职工，只在插秧等大忙的季节才雇用女性临时工。这样一支职工队伍，已相当庞大了。在徐天骝和同仁们的主持下，垦殖局对农民和工人的管理，也逐步形成现代农业的模式。农场职工按8小时工作制，有休息日，按月领取薪资。各个工种职务明确，同时还享受教育培训和医疗待遇等。由于工人大多来自当地农村，文化很低。徐天骝为他们举办了识字班和农业常识培训班，每周开课3次，以提高职工文化和技术素质。

农场拥有自己的职工队伍，又把当地农户收编进来，按人口包种土地，由垦殖局发给耕种执照。这些农户每年只需交纳耕种所得十分之三的租谷给垦殖局，其余皆归自己。附近农户非常高兴，纷纷提出申请，就连远处山区的农户都闻讯而来，要加入农场的工作。他们在农场的劳动收入，比自家往日的耕种不知翻了多少倍，家家农户皆大欢喜。这一办法既灵活，又有效益。垦殖局农场依靠自己耕种所得，再加入农户们上交的这部分租谷，收益颇

徐天骝夫人王桐仙在草坝农场

丰。他们留下农场员工的口粮外，全部运送开远、个旧等地出售。所售得的款项，扣除垦殖局员工的工资和耕植资金，留下兴修水利资金，还有少部分用作农场教育经费、日常开支及外来公务人员的招待费，其余大宗资金全部上缴云南省政府。

五年多的时间，草坝发生了天翻地覆的巨变，建成为云南第一个现代化农场。一片水草地变成了大块的农田，河流纵横，沟渠畅通，土地肥沃，作物兴旺。每到插秧季节，耕作好的一片片农田，水平如镜。一队队女工，挽起裤脚，弯腰插秧。她们喜笑交谈，秧歌唱和，欢声笑语，生发出一派春天的气息。谁能想到，几年之前，这里还是一潭死水、杂草丛生的荒漠之地，如今这个千百年被人称作草坝的蛮荒之地，却显出了一片生机、万物更新的气象。

草坝初建时，职工们都住的是简易工棚。两年以后，便择地盖起了简易宿舍，有的便把家眷搬来同住，徐天骝也把妻儿搬到了草坝。家属宿舍就在垦殖局机关住地的三家寨。这里虽然驻扎了职工，但地旷人稀，仍是一片荒凉。农场住地的围墙内空着大片土地，职工家属可以自愿开垦，种些瓜果蔬菜，自给自足。围墙周边的大块空地，种了许多香蕉，香蕉园便成了职工子弟们嬉戏的场所。由于气候适宜，香蕉结得很多，人们吃厌了，就由它挂在树上。常常是香蕉熟了，也没人采，让它自生自灭地烂掉。这个大院，有围墙围住，机关专设一个排的保安人员护卫。他们有步枪，也有手枪，站岗巡逻之时都要荷枪实弹。因为这里不仅有土匪骚扰，还有野兽出没。保安人员得时时警惕，以防不测。

三家寨的人并不多，自从农场职工在此驻扎后，就形成一个名为“羊街”的集市，每逢街期，方圆数十里的人都来赶街，买卖货物，交换蔬果牲畜，颇为热闹。平时则行人很少，十分冷清。家属多了，孩子们也来了，农场于是办起了一所中心小学，垦殖局的职工子女都在这里读书。有这一层方便，周围农村的小孩也来这里就学。由于教师不足，往往一个班的学生年龄相差很大。农场建立之初，农村孩子们每天要赶一两小时的路来上学，饭盒里带的只是小米饭，饭上的菜常是几块红薯、咸菜或是一条小干鱼。因为他们居住的地方不是一片沼泽似的杂草地，就是起伏不平的山寨，种不出多少庄稼。随着农场取得的成效，垦殖局每年向小学校捐助大笔的资金，使教育设施不断得以改善。不几年以后，农村孩子们的饭盒里就变成了米饭和蔬菜、肉食了。

徐天骝是管业务的副局长，兼农务课长，一切农事，事必躬亲。从整体规划到具体安排，都必须考虑周详，下达到每个生产队伍中。数万亩的土地上，不同的作物，不同的品种，不同的播种季节，在他心里都有一本账。要是把握不住，错过季节，就直接影响到生产成果。此外，许多行政事务还要找到他来磋商解决。天骝工作的繁忙，由此便可以想见。因而，在雨季插秧大忙的时候，因距离驻地较远，他就在田间搭个窝棚，作为“临时办公室”，在里面指挥生产、开会、吃饭，自己也常和大家在田地里劳作。要到天快黑时，才和工友们三三两两地回来。

徐天骝作为常住草坝农场的领导，需要处理的事情多如牛毛。有一年的春天，牛畜瘟疫流行，大批耕牛死亡。眼看着春耕将临，急得他愁眉叹息。往返多次从省城和附近县上请来兽医延治，好不容易才控制住瘟疫，保住了大部分耕牛。同时，又派人到各地及时地购买了一批耕牛，这才保住了春耕节令，渡过了难关。此外，他还要处理许多棘手的事。比如，一次巡逻的保安人员误伤了附近村民，双方剑拔弩张，他急忙赶去处理；又一次，卫兵班长杨某不知为何持枪打死了垦殖局的医生，还伤了另外两个人，他又协同局长果断处理。令人后怕的是，在此事发生前一周的夜里，月明星疏，徐天骝从远方工作地点骑马回家，就是由这个杀人的杨班长一路上带枪护送的呢。

营建良田八万亩

草坝农场建设之初，徐天骝一心扑在农场业务上。白天极少坐办公室，几乎都在田间地头做指导研究，一身粗布衣裳，一身泥巴汗水，胡子拉碴，脸色黧黑。他站在田间，别人分不出他究竟是局长还是个农工。可是，这位局长要忙于总的规划，安排各路队伍的任务，还要做具体的业务指导。除了长官之间的一些会务沟通外，他都是在第一线指挥工作。晚上无事，则在简易工棚中看书学习。图书馆和法国朋友处，都是他借书的渠道。为了生产出更多更好的品种，他派人到省外去采购籽种，甚至还托了法国朋友从法国带来所需的种子。在他和员工们的努力下，没有几年，农场各种作物已是欣欣向荣、郁郁葱葱。

草坝不断传来好消息，省政府主席龙云也很关心。一次，徐天骝到省里汇报，诚心邀请龙主席到草坝农场参观。龙云很高兴，决定带一批官员到草坝一游。

这一天，他们清早乘快车出发，一路看着两旁高耸的青山涧水，映衬着蓝天白云，心情非常愉悦。在火车上吃过中饭，缓缓而行。火车刚到碧色寨，便听到震耳的锣鼓声、鞭炮声一起震响，车站前的开阔地上早已布满了欢迎的人群。龙云满脸堆笑，在杨士敏、徐天骝等的陪同下，被众人簇拥着漫步走向农场。

一进垦区，满目生机，庄稼长势喜人。举目望去，绿油油一片，高高低低，井然有序，几乎看不到边际。一行人来到管理处会议室，先听徐天骝的汇报。由于在省里已做过一次汇报，他想让官员们多看一些实际的东西。因而言简意赅，扼要地举出几个数字，以加深印象。

徐天骝的话还未讲完，服务人员即鱼贯而入，抱来一个个早熟的西瓜。众人一看，很为吃惊。昆明人所见的西瓜，仅只有两个拳头这么大，而且只在七月半供祖宗时才摆上佛桌，祭祀完毕就扔掉，或者把瓜心掏空，给孩子们雕刻一盏西瓜灯提着玩而已。那瓜肉是酸的，极难吃。可今天摆上桌的西瓜，个个都比土锅还大。服务人员切开后，有的是红瓤黑子，有的是黄瓤黑子，水灵灵的，十分诱人。徐天骝忙请贵客品尝，一边解释说，这是从省外引进的品种，在农场试种成功，要各位多多指导。大家迫不及待取瓜品尝，咬了一口，又甜又水，瓜汁顺着下巴流个不停，擦都擦不及。昆明人哪里吃过这么好的西瓜，人人伸出大拇指称赞，不停地吃了一个痛快，连天骝的汇报都不想听了。吃完西瓜，汇报也结束了，下面便是参观。

人们跟着管理人员，迤逦走进作物区。边听讲解，边行观赏。真是花红果绿，郁郁葱葱，一看就是科学垦殖、科学管理的结果。他们走过了蔬菜区，一排排的辣椒红红绿绿，一个个紫色的茄子也挂起饱满的果实。经过番茄架、刀豆架，特意来到种植西瓜的园地。只见密密的瓜蔓间，露出了滚圆滚圆的大个西瓜，真是叹为观止，大家称赞不已。走过一片不久前插上了秧苗的稻田，有的苗棵已在返青。大家来到另一处林木试种区，这时，龙云指着前边的一丛绿叶植物说："这不会是蔬菜吧，怎么栽在这里？"天骝忙答道："主席说得对，这不是蔬菜，是烟叶。是从法国带回来的美烟品种，我在昆明也栽培过。草坝的气候适宜，长势还不错。"接着他又解释比较了美国烟叶和云南本地烟叶本质上极大的不同处。龙云也是抽烟的人，很有兴趣地听他一一介绍。没想到，这块烟叶试验田在龙主席心中留下了深深的印象，为日后云南烟草事业的发展预埋下一个不可或缺的伏笔。

官员们在草坝农场看了许多地方，都颇为满意，但也出了个小小的插曲，缘因于作物分区种植品牌的命名上。试种区有一片油菜长势特别好，几乎有一人多高，十分抢眼。大家驻足观看时，标示牌上写的是“云台区”。视察大员缪云台先生误以为是以他的名字命名的，特别高兴。有人趁机附和，他更是喜形于色。旁边的财政厅厅长陆子安左顾右盼，未见与自己名字相关的区名，心中便有不悦，面带难色，一言不发。在众人嘻嘻哈哈的笑声中，细心的龙云却有所察觉，小声对徐天骝附耳说：“财神爷（指陆子安）似有不快呀，你赶快加个‘子安区’就皆大欢喜了！”天骝说：“主席，‘云台’是一种油菜的名称，缪公和陆公误会了，绝无褒贬之意。”龙云听后说：“那好，你等一下汇报时略加解释，避免误解。”后来回到会议室，徐天骝即把种植分区情况又详细做了介绍。说明区划的目的，是为了加强管理，每一块分区的命名，都写的是作物自身原有的品牌名称，目的是区别品种，优选种子，提高质量。大家才恍然明白，把刚才的误解弄清楚了。

这天傍晚，农场设宴招待省里官员，桌上摆的全是农场自己生产的新鲜蔬菜和自养的鸡猪，品尝着鲜美的佳肴，一天的视察参观活动，在宴厅的一片欢声笑语之中圆满地结束。

徐天骝与妻儿在草坝农场

这一次的省府视察影响很大，溢美之词不胫而走，以后省里经常不断地有人来视察。建设厅厅长张西林更是一年要来几次，一方面是检查工作，另一方面也是吸取经验，推动全省工作。后来，中央要员也来视察了。有一次国民政府竟安排蒋介石的叔叔到云南视察，由民政厅厅长李培天陪同来到草坝，使这一偏僻之地引起了一番震动。

为抗战分忧

日寇侵华，大片国土沦陷，许多难民涌入云南，不仅有冀、鲁、豫来的，也有江、浙、沪、闽，从沿海逃难到云南的。数十万人涌进昆明，省政府一时难以安排。

这时候，草坝农场却以他的接受能力敞开了胸怀。为了支援抗战，垦殖局在发展农业的同时，克服困难，建立起了两个难民新村，接受了赈灾委员会安排来的500余户难民，还负责难民及子女的医药和教育。按当时规划，垦区内还将建9所难民新村，可容纳4000户难民。这对他们来说是额外的任务，而省政府有了这块宝地安置那么多的难民，能为抗战分忧，真可谓是创建农场的意外收获。在当时资金、人员、技术等十分困难的条件下，农场通过努力，使粮食逐年增加，木棉、草棉、蚕桑的种植均大有发展，也增加了禽畜的养殖。还种了甘蔗、烟草等经济作物。当年的不毛之地，生机盎然，人气旺盛。

这时垦殖局原先在大庄三家寨的机关楼房及职工宿舍已不适应需要了，总部决定搬迁到一个叫作“新沟”的地方。新沟也是一个小站，距离大庄有一站路，火车也需开20来分钟，交通同样方便。随着垦殖局草坝农场的发展，各种建设也需要相应的人才。而抗战避难到草坝的人中，就有工程师、医师、助产士、会计师、教师、体育工作者等等各行各业的人才，这批人才大有用处。于是，新选的大片土地之上，建起了办公楼、宿舍楼、小型医院、食堂、学校、厂房、加工场、畜牧场、蚕桑公司等机构，还盖了一个开大会、演戏放电影的大礼堂，逃难来的各种人才都派上了用场。垦殖局聘用的工程师、建筑师和他们承包建筑的用房设计得现代而时髦，式样新颖，造型别致，有的小巧玲珑，被称为蝴蝶式、蜜蜂式；有的挺拔厚重，被称为伏虎式或金牛式，造型不同，各有特色。或许是在这样空旷的土地上造房，设计工程师不受限制，可以挥洒自如，尽显才能，使这里的房屋结构不知不觉间引领了云南建筑的新潮流。垦殖局还办起了一所工读学校，半工半读，招收大批青少年学习本领。他们部分时间劳动，参加耕作施肥，田间管理，种桑养蚕，加工蚕丝，或为建房造屋做小工、学本领，或到垦殖各部门见习农场的各项工作，成为后备人员。随着这些建筑的兴起，附近已形成了集市，冒出了一批小商店，有些“下江人”（老百姓口语，指长江下游江、浙、沪的人）开的成衣店、理发店还提供很时髦的服务，形成了一个以垦殖局驻地为中心的小小特色城镇。

逃难来的人中，大多是来自经济文化比较发达的省份，他们的穿着打扮、举止言谈、文化素养、业务技术也影响着当地人，逐步改变了当地不够开化、技术落后、教育程度不高的状况。许多妇女的衣着打扮开始时髦了，男女的发型梳理也呈海派式样了。逃难来的外省人中，人才济济，他们演唱京剧，教唱流亡歌曲，表演各式各样的节目，大大丰富了当地的文化生活。下班以后，小镇的住房内不时传出欢声笑语，街道绿荫下漫步着愉快的行人。元旦等节庆之日，垦殖局还召开同乐会，组织职工们尽情欢唱歌舞。一个欢乐新兴的小镇，划破了沉睡多年草坝的寂寞。

徐天骝在草坝多年，他的一家也融入了这个欢乐的小镇之中。这时候，他的孩子已有五男一女，爱人王桐仙勤俭地操持着全家的生活。他在垦殖局农场是搞农业科技的，又是这个单位的主心骨，主持日常行政工作，上班没日没夜，经常不在家中，但他从未放松对家庭的关爱和对子女的教育。他对子女是关爱备至的，从不训斥，更无体罚。但也从不骄纵放任，总是进行说理教育。平时鼓励子女努力向上，希望他们将来也能出国留学深造，使子女自幼就树立了远大的抱负。而在教育上花钱，更毫不吝惜。从小学开始，他就不停地为子女请家庭教师，补习各科功课。全家搬到草坝之后，因当地教育相对落后，他又没有时间辅导孩子们的学习，更是要请家庭教师。当时他的两个大儿子都是小学四五年级的学生，天骝于是从垦殖局的职工中请了几位外省的大学毕业生来做家庭教师。有一对夫妻，男的名叫陈仁，浙江人，教语文、历史；女的名过钧，是一位苏州美女，教数学。还有一位姓周的四川人，教英语。几位年轻教师，既是孩子们的老师，也是天骝极好的朋友，这给子女们的学习打下了很好的基础。后来孩子们再回到昆明上中学时，还能跟上昆明较好中学的学习水平。

虽然请了家庭教师，天骝对子女的学习也不是放任不管，还是尽量抽出时间对子女们的学业做督促检查。按时检查他们的功课，加以评说。他虽不是文科毕业，但古文仍有很深根底，当儿子背《古文观止》时，凡背不出或背错了的，他凭记忆就能纠正。但他主要还是引导孩子们自觉学习，珍惜时光，不要虚度年华。同时还培养了他们写日记的习惯，每个人的日记本他都要翻阅检查，就像语文老师批作文一样，改了错别字，还加评语。因此几个孩子都以文科见长，小学时的作文常常获全班传阅。大儿子徐声淮初中时就在昆明《少年儿童报》上发表了文章，在同学中很有影响，因他乳名叫“小国”，还得了个“徐国文”的绰号。

晚上吃饭的时候，天骝常常就餐桌上所见即兴发言，讲些礼仪，如“举勺必置箸”“并坐不横肱”等，制止孩子们的不良习惯。有时也常讲些诗文典故，提高他们学习的兴趣。而今，时隔六七十年后，他年逾八旬的二儿子徐声汉还对这些故事有着清晰的记忆，还能回忆起父亲讲述时的音容笑貌和故事内容呢。天骝曾讲过，从前有个学士，成天吟诗。母亲令他干点正经活计，不要只会作诗。这个学士边做边说：“打扫堂前地，放出笼中鸡，分明在说话，偏说我吟诗。”他赞赏学士的诗才，同时也告诫孩子们不能轻视劳动。他还讲过一个穷秀才的故事，这个秀才住的是一间破败的小屋，对面则是财主家种的一片竹林。过年时，秀才在自家的门上贴了一副对联：“门对千竿竹，家藏万卷书。”财主看了十分恼怒，便把竹林砍掉。秀才于是在他的楹联上分别加了“短”“长”二字，变成了“门对千竿竹短，家藏万卷书长”，仍旧通顺生动，财主看了更气，把竹子连根刨了。秀才立即又加上“无”“有”二字，成了“门对千竿竹短无，家藏万卷书长有”，仍是一副好对联。财主气得没有办法。这些故事不仅启发了孩子们吟诗作对的兴趣，也告诉他们做人的道理，是课堂上学不到的东西。

抗战期间，比起许多自外省逃难到昆明来的人家，徐天骝的家庭经济情况还算可以，但他仍要求孩子们勤俭节约，艰苦朴素。中学时他们还穿着补丁衣服，在家睡的是木板床，而且只许垫薄褥子。这使他们从小得到很好的锻炼，受益匪浅。这是他奉行“诗礼传家”，重视了家族传统文化的传承，也是他人生成长的切身体会，一定要把孩子们培养成不怕吃苦，对社会有用的人才。

抗战期间，徐天骝的子侄辈已逾十人。大侄子徐声文已工作成家，因日寇轰炸昆明，便追随天骝七叔，到草坝工作。二侄子徐声和是在天津做官的大哥徐嘉彦的儿子，天津沦陷后，他无法继续学业。此时他的父亲嘉彦已去世，便辞别母亲只身到云南投奔家人。徐天骝因大哥嘉彦对自己有恩，故对声和十分关照。先是帮他在距草坝较近的开远找到了工作，每逢周末，可回垦殖局家里度假。到了成婚之年，又为他在蒙自找到了一户殷实人家之女成婚。这位侄媳王拂云还是他在昆华女中任教时的学生，文化不低，为人贤惠。婚后她也走入社会，参加工作。这样，徐天骝在草坝又聚积了一大半的家人，成了徐氏家族的又一个大本营。每逢节假日，孩子们放假了，侄子们也聚集到天骝七叔家，屋前屋后都洋溢着一片欢乐的笑声，天骝便处在这一欢乐的旋涡之中。

告别草坝，又奔新途

正当垦殖局草坝农场一片欣欣向荣的时候，徐天骝被省政府委以新任，就要离开这个地方了。局里为农场头头们盖建起三幢小洋楼，装潢一新，他还没有来得及搬迁，就该走了。环顾四周，树木葱茏，稻田泛绿，桑葚挂枝，甘蔗、香蕉、菠萝都到了即将收获之时，垦殖局这位徐局长也不能像往年一样享受这些果实了。他非常留恋这里的一草一木，毕竟是自己亲手和大家用辛勤的汗水创建的。面对自己在草坝垦殖未竟的事业，面对这片新垦土地上朴实勤劳、努力改变着现实的职工，更是依依不舍。但他的心中又是非常充实的，这是他留学8年归国后的第一次试验、第一次实践，是一次严格的考试。实践证明他在法国8年的苦没有白吃，他的学习得到了全面深入的检验，真才实学也得到了证实，真正在这片用武之地上展现了才能。想到就要离别，心潮起伏难平。

垦殖局的职工和家属们突然听说徐天骝局长将被调走，纷纷涌向他的家中探问，一再想留住他。可这不是他自己所能左右的事，调令已经下达。职工们只好以从未有过的盛情和高规格，为徐局长的即将离开举行一次欢送会。

欢送大会设在新建的礼堂，许多职工争相发言，一些职工发言时竟语塞喉梗，眼含热泪。大家不约而同地都回忆起草坝建设的过程。人们没忘记，他曾在茅草窝棚里办公，开垦之初他的家属也都住的简易房，稍后才建了一些平房，但依旧是农村式的住宅。如今，礼堂周围的大片办公楼、生产用房、职工宿舍尽入眼帘。带家属的职工都住上了小洋房，生活区的设施供给，一应俱全。垦殖局富了，职工工资、生活待遇都有提高。农场的庄稼欣欣向荣，作物年年丰收，他却要离开了。说到草坝的巨变，大家滔滔不绝。可是，徐天骝最后致答谢辞时，谁也没有想到他是这样的平静和谦虚。他认为，这么大规模的农场，是全体职工共同努力的结果，自己只是起到了应有的一点作用。在国外学到的知识，就必须应用到为家乡的建设中，这是做人的本分。虽然取得一点成绩，但还留下许多的不足，自己远远没有达到最初的设想，是颇为遗憾的。他鼓励全体职工要更加努力，把农场建设得更好。有什么需要，他会尽力帮助，继续为农场做出贡献。

欢送会在一阵又一阵的热烈掌声中结束了，这天晚上，徐天骝的家里又聚集了许多职工，畅谈到很晚很晚。

徐天骝终于告别草坝，登程返回昆明了。这时，他已是五个子女的七口之家，收收捡捡，衣着、炊具和什物装箱打包，竟收拾了一大堆。到昆明的火车，行程虽只一天，但搬运这些行李麻烦却不少，他只好去找滇越铁路的法国人帮忙。这些法国人很痛快，他们在列车客座车厢后，专挂了一节货车，供天骝搬家用。车厢里面两头塞满行李、物件，中间靠门一段放上小桌子和小凳。他们一家可以在这里吃饭用餐，拉开移动门可采光透气；累了，调整行李袋就当床用，真像是一节专门的包厢呢。于是，一家人浩浩荡荡、舒舒畅畅地回到了昆明。

温馨的官庄家园

从草坝回到昆明，徐天骝已是儿女成群，但还没有一处合适的住所。那时，日本飞机经常轰炸昆明，全家人时时得跑警报，弄得工作生活两头都难照顾。在为事业打拼的过程中，他常常记忆起留学时候在农场的经历。自己是学农的，一直对农村广袤的大地有着恋恋不舍之情。他于是留意着，要想在昆明郊区的农村购买一块土地。一来可避开日本飞机的轰炸，二来也可以实现自己住在农村的愿望，还可以试种一些植物新品种。经人介绍，他选中了昆明南郊一个叫官庄的地方。这里土地开阔，风光旖旎。从昆明市区出发，走过云南纺纱厂灰色低矮的围墙，就是一望无际的田野。再走个把钟头，过了望城坡，就到了官庄农村。这里距昆明城区不远，进城工作方便，也用不着跑警报，又有舒展的田园风光，非常理想，他于是在这里购下了一片土地。

为了这片土地，徐天骝做了完整的规划设计。先辟出一片建房，周围打起围墙。他按照自己的意图，请人设计了一幢西式两层楼房。房间宽敞，采光明亮。窗外视野开阔，一望尽是绿色田野。小楼周围是大片的菜地和小型试验田，为便于浇灌，还开挖了沟渠，将外面的活水引进来。沟渠三面环绕着住房，进门的渠水边，搭起了木架，任一些瓜果爬上去。旁边围墙上，还爬满了蔷薇花。这一理想的小庄园很快建起了，儿女们追随着他和妻子，欢天喜地地搬了进去。

外面看似豪华的小楼，里面的陈设却极为简朴。除了必要的床铺桌椅外，没有任何装饰性的摆设和多余的家具。仅有的一个皮面长沙发，还是前几年就买下的旧货。这次搬来，算是很风光的了。刚搬完家，他便把儿女们召集在一起，笑眯眯地说："这里就是我们的新家了，你们先看看漂不漂亮！"孩子们一起吼叫起来："当然，太漂亮啦！"他接着说："你们再看看，房子是有了，东西乱堆着，还没有整理；楼下的地还是乱七八糟的一片荒地，需要开挖整理，种树种菜。这些事靠谁来做呀？只有靠我们自己。"孩子们瞪大了眼睛看着他。天骝又说："家里除了你妈妈和我之外，没有多余的人手，你们都大了，都有一双能劳动的手。应该知道，美好的东西，必须用自己的双手来创造。从今天起，由我来分配工作，每个人都要为家里做一份贡献，不准怕苦偷懒。好不好？"孩子们被鼓动起来了，争相要求任务。

天骝的原意，要建设起这个温馨朴素的小家庭，正好也是对孩子的教育培养，从小锻炼他们能够吃苦、自己动手的好习惯。他说到做到，首先安排子女们每人管理一个房间，负责做好房间中的清洁卫生和日常管理，要求每个房间整齐有序。孩子们彼此戏称是“客厅厅长”“餐厅厅长”“书厅厅长”，愉快地接受任务。接着他又带领他们在屋外开辟菜地、花圃，撒籽培苗，每人也分配了除草浇水的管理任务。他专门留出两小块实验地，得到新的花卉或植物新种，就在那里试种，常常是自己亲自动手。那时农村还没有电灯，靠油灯照明，因而又分配三儿子徐声扬担任了“灯长”。家中只有两盏双头铜制的“洋油灯”，晚上必须保证天骝写作和工作使用，这位“灯长”的任务就很重了。他每天要把两盏灯擦得透亮，剪好灯芯，加满灯油，吃过晚饭后，按时摆进书房里。微弱的灯光伴着天骝读书写作，孩子们睡后，妻子也在灯下陪着他做一阵针线活计，熬不住时就先去睡了，他则一直攻读书写到深夜。

官庄的家庭生活是极为温馨的。妻子带着一个保姆做饭，照料着天骝的生活。每餐有他喜爱的蔬菜，不时还可喝一点小酒。吃饭时，儿女们总是要等他来到才就座。天骝极易流汗，无论冬夏，吃了热的辣的就是满头大汗。孝顺的孩子总要在他座前先摆好一块湿毛巾，好让他擦汗用。一家人围坐在一起，边吃边谈，其乐融融。天骝是一个戏迷，凡有新的京剧、滇剧上演，他每场必到。哪个演员唱什么拿手戏，他也常常去听。什么状元红的《二龙山》、小八音的《数桩》、碧金玉的《闯宫》、周锦堂的《三尽忠》、筱兰春的《八义图》、周惠依的《三祭江》等，如数家珍。往往在吃饭时，他就对孩子们讲一些戏曲里的文史典故，名人逸事，要他们正正直直地做人。孩子们受他的感染，从小懂得了做人的道理，也喜欢唱花灯、唱滇戏。每当年节，徐天骝还在官庄家里，邀请来五哥五嫂一家，请来几家侄儿，品尝新鲜蚕豆、新鲜蔬菜，数十人聚集一堂，同欢同乐。

官庄小庭院的生活，给了徐天骝许多幸福惬意的时光。他们夫妻养育了七个子女，二儿子声汉一岁时就过继给五哥家，但此时仍和他一起生活。几个大孩子都在昆明读书。白天，他进城上班、上课，孩子们也进城去上学；晚上，一家人乐乐呵呵团聚在官庄小院。读书的读书，做事的做事，各有所忙，不时还唱歌、唱戏、讲笑话，真是其乐无穷。间或有亲友到来，更增添了许多乐趣。徐天骝在这个环境中，生活愉快，专心致志地工作，度过了许多年，并完成了他的关于美烟栽培和云南烟草事业发展的专著，这更是小院带给他的一个重要成果。

为云烟奠基

云南因发展烟草的需要，曾在草坝农场培育出美种烟草的徐天骝又被任命为云南省烟草改进所所长，他又进入了一片新的打拼天地。徐天骝运用自己在法国所学到的烟草培育烘烤技术，又到省外取经学习，在田野间培养起一支庞大的技术队伍，并选择滇南等地，利用国内的美烟品种，将烟草种植技术传授给广大农民，使云南烟草广为种植，云烟产业大军突起。

在云南烟草生长变异的关键时刻，徐天骝求得云南省主席龙云的支持，请飞虎队队长陈纳德引进优质美烟“红花大金元”，培育试种，成为云南烟草的看家品种，全省换种栽培，在全国评比中拔得头筹，为云南烟草的发展打下坚实基础。

抗战带来了机遇

第二次世界大战，中国是东方最惨烈的战场。日本帝国主义派出大批军队践踏中国土地，残杀中国人民，还封锁了中国与国外的经济通道，妄图从各个方面扼杀中国。这不仅引起了中国人民的强烈反抗，也促使中国人民自力更生奋起自救。

1931年9月18日，日本帝国主义侵占我国东北三省，1937年7月7日，日本侵略军向北平西南的卢沟桥进攻，发动了蓄谋已久的全面侵华战争。随着日本军国主义对华侵略战争的不断升级与扩大，我国北方烤烟生产区的山东、河南等省相继沦陷后，日军又大举“南进”，于1940年9月占领越南，切断了云南通往海外的主要交通干

1939年5月，五哥徐嘉瑞赴草坝农场看望徐天骝夫妇及侄儿们

道滇越铁路。稍后，日军入侵缅甸，使得滇缅国际运输中断，自20世纪来一直充斥云南市场的英美卷烟也因此而输入量锐减。此时，内地沦陷区的大批难民，后撤到大西南的一批批机关企事业单位人员，以及途径云南开赴缅北和滇西战场的各路抗日大军源源而来，数十万人涌入云南，立即加大了卷烟的需求量。由于滇缅、滇越通道被切断，云南的卷烟工业也陷入了“无米之炊”的困境之中，使得市场卷烟供求关系严重失衡，且日益加剧。

全国烤烟主产区相继沦陷，国内烟草生产困难，国外又无法输入，卷烟原料成了问题。烟税颇受影响，并波及教育和财政经费。而全国抗战急需大量的军费支持，在财政收入中占相当比例的烟税却大幅度下降，这使得时任

1939年9月，徐天骝大侄子徐声文（后左）、二侄子徐声和（后右）与天骝的5个儿子在草坝大庄火车站前

中国银行董事会主任、掌握国民政府经济实权的宋子文万分焦急。为挽救危机，另辟来源，宋子文亲自出面，商请农业部另外开辟烟草基地。这一时期，云南在草坝的烟草种植已初露端倪，虽产量不多，但质量上乘，已引起了农业部重视。于是，1939年初，南洋兄弟烟草公司同中山大学教授周士礼，带着美国烤烟种子——美国弗吉尼亚（Vigenia）“金元”（Gold-Dollar）品种来到云南，寻求帮助，急需寻找新的烟叶生产基地。他们先找到农业部派来云南的农业技正常宗会，常此时担任云南省建设厅昆明长坡蚕桑试验场场长。宋子文还写了一封亲笔信由他们转交给云南省主席龙云，请他大力支持在云南试种烤烟。当时的土地都为私人所有，常宗会想到，只有担任着垦殖局副局长、云南唯一的农学博士徐天骝手里有土地，可以请他试种。徐天骝热情地接待了他们，问知来由，立即带着他们去看自己已经试种的烟叶。众人见那烟叶长势很好，异常高兴，便将带来的金元品种也交给了他。经过试种，金元品种在草坝农场表现很好。但后来南洋烟草公司因计划改变，退出了试种。常宗会与周士礼不甘心受此挫折，决心去求见云南省主席龙云。

此时，日本侵略者对我疯狂杀掠，妄图切断外援通往中国的全部生命线，以此扼杀中国经济命脉。依靠国外、省外进口的云南卷烟也断了来源，严重影响了民生和地方财政。云南省政府主席龙云力主生产自救，经济自给。常宗会与周士礼的到来，给云南带来了发展烟草、经

1940年秋，徐天骝为侄子徐声和、侄媳王拂云在草坝农场完婚（后排左二：徐天骝，右一：夫人王桐仙）

济自救的绝好机会，龙云亲自接待了他们。在商议烤烟生产的时候，他们都不约而同地谈到了徐天骝种植美烟的成绩。而当年草坝的视察，龙云对徐天骝培植出的美种烟叶就颇为赞赏，当时就已留意在心。此时经常、周二人提起，正对心意。为了发展云南烟草，他急派省企业局副经理刘幼堂专程到草坝调徐天骝回昆，准备美烟的种植。

机遇从来都是给有准备之人留下的。1920年，徐天骝还在法国乐杰综合农场做工时，就对当地种植的烟草很感兴趣。那时法国烤烟种植的成效非常高，从烟叶到香烟成品，都有相当高的利润。他也是吸香烟的人，对比家乡出售的香烟和在法国吸到的外烟，差别很大。云南能种出很好的被称为“云土”的鸦片烟，为全国之冠，焉知

右四为徐天骝

就种不出烤烟？他感到烤烟这一品种，是“富国利民的事业，对落后贫困的云南将会有极大的好处”。那时，他就把这事一直记在心里，在农场里认真观察和学习了栽培烤烟的技术。好心的农场主乐杰看他喜爱这一事业，不仅放手让他观察学习，还介绍他到一家卷烟生产联合体去做实习员，到实践中去学习。后来徐天骝在卷烟厂做到了技术员和技师，掌握了一手栽培和烤制烟草的技术。当他完成了法国的学业，即将离开法国的时候，曾到巴黎去拜谢学校的导师和帮助过他的朋友。导师给了他许多勉励，亲切地问他还有什么需要帮忙的。徐天骝只提出一个要求，就是需要一点美国烤烟良种带回国去试种。导师欣然同意，立即设法给了他一些珍贵的烟叶种子带回家乡。徐天骝对带回来的种子非常珍惜，曾在家中用花盆试种，后又在大普吉昆明农事试验场、开蒙垦殖局草坝农场试种，都取得了良好的成绩，积累起了一定的种烟经验。这次农业部带来的美烟试种任务，经龙云亲自点名，交给了徐天骝，正好是水到渠成。这也是省政府急切要将他调离草坝农场的原因。

新的用武之地

徐天骝没有辜负大家的期望，凭着自己的经验，将龙云交给他的烟叶品种试种成功。看着肥厚硕大的“金元”烟叶，徐天骝无比激动，迅速写出实验报告。他会同常宗会、周士礼等一批有识之士，上报给农业部和云南省政府，并转呈宋子文。报告中着重提出：经过美烟的试种，证明云南有着得天独厚的自然条件，特别适合烟草种植。建议在云南建立新的烟草种植基地，选择全省适合种植烤烟的地区，全面推广“金元”品种的栽种。这一建议很快得到采纳，在上下一致努力下，云南省政府决定建立云南省烟草改进所，任命徐天骝负责筹建工作。

在家乡这片神奇的土地上，徐天骝可算是一个幸运儿。草坝的8万亩荒地，让他把在法国的学业成绩着实展现了一番。而今，眼前又出现了让他施展才能的另一片新天地，使他难抑心中激动之情。虽然烤烟已初步试种成功，掌握这一专业也具有一定基础，但要真正成就这一事业，还有许多知识和经验不足，这正是对他的一个挑战。他坚信，只有在田野中摸索、观察和总结，才能获得真知。他抱定了在实践中学习的决心，更充满了信心。

1941年3月1日，云南省烟草改进所正式成立，由当时的纸烟统销处处长赵济兼任所长，常宗会兼任名誉所长，徐天骝任副所长主持业务工作，负责烟草的引种、改良、推广等工作。一切经费开支和发展烤烟贷款，均由纸烟统销处调拨。徐天骝带回了在草坝培育的“金元”籽种，带回来他的学生和骨干褚守庄、李崇善等，又在昆明、富民等处择地试种，也获得了成功。1942年后，徐天骝任所长，进一步将烤烟扩大生产，推广种植。他把烤烟的种植分成两个区：第一区包括富民、武定、禄劝，由王复卿负责；第二区包括昆明、玉溪、江川、晋宁等县区，由他自己负责，并将烟草改进所所址设在玉溪下新街潘鹤龄家后院，所内设推广、技术、事务3个组。烟草改进所成立了，有了经费和人员，有了种植基地，云南烤烟事业从此迈开大步，蓬勃发展。

田野间培养起技术队伍

推广烟草种植，是一个艰苦的过程。

1939年以前，云南根本没有美国烟叶品种，民间仅有一些手工晾晒的“黄烟”“刀烟”等，农民连烤房都未见过。烟草推广栽种之初，农民对种烟叶心有疑虑，不相信会有利可图，不愿栽种。徐天骝带领推广人员深入到农户中宣传，利用茶余饭后的时间，亲自到农民家中，到农村茶馆去宣传，对农民讲解种植美烟的好处，给他们算收入账、经济账，并说明政府给予贷款，一无利息，二不请保，亦不影响粮食生产。这些宣传卓有成效，有几户农民带头积极申请栽种。徐天骝五嫂的亲戚唐用九先生，也把玉溪家中的田地拨出来，支持美烟种植。在他们的带动下，农民们纷纷响应。烟草种植很快铺开，使“金元”品种在云南这块土地上发芽、长叶、开花、结果，结束了云南没有烤烟的历史。

但栽种烟叶不是一两个人短期内就可以完成的，其栽种和烤制有着复杂而严格的生产过程。当时的云南，除徐天骝以外，还没有一个人有着这样的知识技能和经验。徐天骝凭借留学所获得的知识和技能，做出了周密的全盘性的计划。他第一步先广招人才，按程度分级分班培训，建立起一支具有种烟烤烟基础的技术队伍，确定长训班15个月，短训班1至3个月。培训班把课堂培训和田间培训紧密结合起来，除学习理论外，还让学员充分掌握田间实际操作。结业时颁发结业证书，对学员授予不同的技术工人称号。第二步，按烟叶对气候、土壤的习性选定几个试种地点，择时播种。试种的结果，以江川、玉溪最为适宜，便据此确定了以这两地作为运作基地。第三步，则是对烟叶的栽种、培育、收割、整理、烤制的整个过程进行具体的技术指导，这是一个最为复杂和艰苦的过程，当时更无人能代替他做好这项工作。

徐天骝是全能的导师，在培训班上，他既担任主课教师，亲自授课、答疑、改作业，在烟叶栽种阶段，又是技术指导，整天在地里教工人和烟农如何育苗、移植、除虫、摘心、去蘖、采收，在烤烟的阶段，他又设计烤房图纸，指导建造烤房，并现场教会学员如何掌握好火候，怎样烤烟，手把手地教，直到把烟叶烤好。仅1942—1944年3年之中，便培训技术员165人，技工1064人。这支技术基干队伍，无论是在当时还是后来的烤烟种植和烘烤生产中，都发挥了极重要的作用。

烟草的种植工作是非常艰苦的，终日都必须在田间劳作。为了确保烟叶质量，必须让烟农牢记要诀，抓好生产的全过程。为此，徐天骝用通俗易懂的语言编成口诀和顺口溜，使烟农牢记于心。如，栽培时要“六抓”（抓种子、抓轮作、抓肥料、抓合理密植、抓封顶打杈、抓病虫害）；烘烤出炉须“六要”（要专人负责、要适时采叶、要分类编烟、要排队装烟、要看色转火、要炉炉总结）；还有“三不落地”（采烟、编烟、出炉时烟不落地）；“六不撞”（烟叶不撞人、不撞墙、不撞烟杆、不撞门、不撞地、不撞火龙）；扎把分级时“先看质量后扎把，正确定级不吃亏”等等。他要求每一个技术人员和烟农，都要能背诵这些口诀要领，并在实践中认真执行。

徐天骝还抓紧时机在广大烟农中举办临时培训班，亲自介绍种植烤烟的技术。他经常深入到田间地头，手把手地教农民播种、间苗、打尖、施肥等，又亲自到山东、河南考察，带回烟叶烤房的图纸和有关资料。从四川郫县请来山东、河南的烤烟技工，在玉溪亲手指导农民建盖烤房，指导烘烤，并召集各地烟草种植骨干聚集玉溪，就地进行学习，扩大烘烤技术。那时，烤房里挂满了一串串的烟叶，下面炉子中烧着干柴。火力在迂回曲折的火沟里穿行，满屋烟雾腾腾，灼热难挡。徐天骝冒着烟熏火燎的热浪，不仅仔细地观察着烘烤的烟叶，还要指导烤烟的炉工怎样掌握火候，怎么识别成色。当时没有什么仪器仪表协助监测，完全凭经验来掌控。天骝把自己的经验全部传授给炉工和烟农，培养出了一批扎实的骨干力量。

关于这一段的工作，当年的职工王拂云曾回忆说："徐局长当时有40岁左右，穿的是'无底牌'袜子，几天换一双。白天下地，晚上点着灯写总结和材料。因为在草坝，开垦的是一片荒地，从无到有。住的是几间自己盖的简陋房子，工作生活十分艰苦。他还带学生边上理论课，边实践。他亲切和蔼，没有架子，学生喜欢他，烟农也很喜欢他。"在徐天骝耐心细致的教导下，烟叶栽种取得了很好的效果，硬是在田间地头培养起一支过得硬的技术队伍，拉起来一支浩荡的烟农大军，使我省烟叶的栽种烤制奠定了坚实的基础，获得了很大的发展。

做烟农的贴心人

徐天骝一生从事农业科学，他的脚步一直走在边疆的田野山水间，一辈子和农民打交道，把广大农民视为贴心人。

1942年，美种烤烟试种成功后，农民很感兴趣，纷纷来登记种烟。第一年仅登记了2000多亩，第二年来登记的就超过了6000亩，最后定下来上报的指标是6400亩。徐天骝针对这一片发展相当迅猛的局势，认真地对工作人员说：“你们不要怕困难。这说明农民相信我们，要依靠我们的帮助来种植烤烟。你们一定要和农民打成一片，要和他们交心，要毫无保留地把技术传授给他们。今后，烤烟不仅在玉溪、江川、晋宁、弥勒、开远、武定、禄劝、罗茨等地种植，可能还要在全省推广，这是云南积累资金的大头，这不是一件小事情。”徐天骝还召集大家开会，讨论如何把推广工作落到实处。他说：“任何事情一开头总是困难的，如果我们怕困难、怕吃苦，就一事无成。”他引用了拿破仑的一句话说：“‘难之一字，唯愚人字典中有。’无论做公事还是私事，只要拿出良心来，岂有做不好的！”他的话激励了大家，使大家信心倍增，有效推动了工作的开展。

在不断克服困难、有效推动工作开展的过程中，徐天骝要求工作人员一定要和农民打成一片，不要欺骗农民。他反复交代说：“第一重要的是信誉，对农民、对任何人都要讲信誉。”他经常下乡进行实地勘察，坐着小马车要跑好几个村，没有马车时就走路。他还对大家说：“你们走得，我也走得。”农民听说徐天骝先生来了，都要来找徐老师，还要和他谈谈心，拉拉家常。一次，正逢玉溪九龙池庙会，相当热闹，农民们赶着马来，一定要接他去。他也不推辞，和农民说说笑笑，骑上马就走。他在给玉溪大村烟草技术培训班学员讲话时说："你们要为农民们着想，要有耐心，碰到困难就泄气是不行的。要一步一个脚印地踏实干，真心为农民，农民会喜欢我们、支持我们的。"烟草技术培训班学员按徐天骝的教导去做，很受农民欢迎。尽管当时生活很艰苦，农民对学员却很关心，有点咸菜、青菜萝卜，都要送点给学员们。农民和学员融为一家，有时农民请学员写信或写点东西，白天没空，晚上学员也要抽时间帮他们写好，有个农村小学还请学员去代课。学员和农民的关系搞得很好，很大程度上与徐天骝的谆谆教导分不开。

徐天骝对种植烤烟总结摸索出很多秘诀，比如少留脚叶，一是使养分集中，二是使烟株下部空气流通，可以提高上、中部烟叶的质量。再如，很多人对合理施肥有误解，他要求工作人员到实践中摸情况。他解释说："合理施肥是指氮、磷、钾肥要适当合理，如果拼命地施磷肥或氮、钾肥，只会适得其反。书本上的知识只起到理论指导的作用，更主要的是因地制宜，因时制宜。"他常常对昆明烟草技术训练班的毕业生说："你们在学校只是小考、中考，在实践中才是大考、随时考。能经得住大考的，才能算是真正毕业了。"

他非常关心农民种烟的现实问题，为了提高烤烟的质量和产量，最好的肥料就是使用油枯饼（菜籽饼），而当时玉溪地区的油枯饼供应不上几千亩烤烟的用量。他听说易门菜籽油产量高，油饼多，立即派人去联系购买，为农民解决了具体的实际困难。

烟草病虫害中，有一种专门吃烟根的白土蚕和专吃烟叶的黑土蚕，危害很大。当时农药化肥很少，徐天骝结合当地情况做试验，想了很多办法，决心解决这个虫害问题。实验观察的结果，发现当地有一种苦果，这种苦果的根有一定的杀虫效用。他就带领大家用苦果根熬成水，浇在烟根上。每棵浇上100克左右，白土蚕就死了。杀灭黑土蚕，原来习惯于用除虫菊泡水喷洒，但成本高，效果也不太好。徐天骝就让大家观察黑土蚕食性，发现它爱吃莴笋叶和红薯叶。他就打破常规，带领大家因地制宜搞发明，摸索出了“堆草诱杀法”，即在收工时把少量切碎的莴笋叶堆放在烟草根部，第二天一早就把正在吃莴笋叶的黑土蚕抓住消灭，收到了很好的效果。这种方法尤其受到了烟农们的欢迎，他们高兴地说：“徐老师发明的土办法，不花一分钱就能杀虫，真是太好了。他真是我们农民的贴心人啊！”

几十年来，徐天骝都坚持每年抽一段时间深入农村调查指导，在玉溪、江川、曲靖等地，他更是一位“常客”。他的责任心、事业心相当强，做什么事都有始有终，有布置、有检查。每年他都要亲自到玉溪3～4次，播种前1次，到播种完后才走；移植、栽插时他又来听取汇报，并亲自下去看，收烤烟时还要再来1次。每次来检查，总要住上半个月左右。走前也总要布置下一次的工作任务，交代说下次他来时，要向他汇报前次布置的工作是否完成。他经常对工作人员说："你们不仅要动口，而且要动手，你们自己也要种一点烤烟，便于总结经验。"

徐天骝说："干什么事情都必须拿出良心来，不要欺骗人，庄稼也是如此。你欺骗它一时，它就欺骗你一年。"他当时还带领大家编了一个顺口溜："种烟莫取巧，籽种要选好。深耕浅种，薄地粪草。三日早起顶一工，锄地能抵三分雨。"对最后一句，他还具体分析了其中的科学道理，指出天旱时锄地，可以破坏土壤中毛细管，减弱了水分的挥发，有利于下层水分保持，促使烤烟顺利生长。为什么要深耕浅种呢？他反复给工作人员讲述

徐天骝（右）与五哥徐嘉瑞 1944 年在滇池畔

要领，包括种烟时烟株按下去要压紧，定根水要浇好，但不能太多，滋润就行等等。这些技术要领和技巧，他都烂熟于心，讲得非常透彻，这与他能把理论与实际充分地相结合的工作态度是分不开的。

徐天骝乐观豁达，平易近人，喜欢说笑话，从来不见他怄气，对待再大的问题都相当冷静。他对身边的人说："你们知道'三国演义'中的诸葛亮，为什么不论寒暑，总是摇着一把鹅毛扇呢？那就是为了不让头脑发热。"生活上他要求简朴，可对工作却要求认真细致。他提倡的几个标准是：清洁、整齐、简单；作风要迅速，不能拖沓懒垮。思想上他要求要和农民打成一片，做他们的贴心人。

烟草产业大军突起

徐天骝负责的第二种植区昆明、玉溪、江川、晋宁等地，因引种美烟，使这些地区的经济非常活跃，栽种面积日渐广阔，先后建筑烤房千余座，参加农技培训的农民达1500多人，间接培训者不计其数，农民收入普遍增加。至抗战胜利前后，美种烤烟推广已"遍及三迤"。收成好时，仅每年运销贵州、西藏、四川等地以及越南的烤烟叶就有100多万斤。以当时每斤旧币3000元推算，这笔收入也是很可观的。从1941年起，在省烟草改进所和徐天骝等老一辈烟草专家的亲自指导下，烤烟种植在云南逐步推广开来。据统计，云南的烤烟种植，1941年约为500亩，年产烤烟350担（折合17.6吨），平均亩产35公斤。以后种植面积和产量逐年上升，到1945年达275552亩23895.4担（折合1194.77吨），平均亩产43.36公斤。较之1941年，种植面积增长550倍，产量增长67倍，平均亩产增长0.24倍。

美烟的引种烘烤成功，刺激了地方纸烟工业的发展，一时间，云南境内的大小烟厂达500余家。1922年，爱国人士庾晋候曾在昆明创办了我省第一家纸烟厂“亚细亚烟草公司”，由于当时云南没有引种烤烟，只有本地的土烟，即“旱烟”“刀烟”“黄烟”之类，加工也仅停留在晾、晒等手工阶段。因而以此为原料生产的纸烟，质量低劣，无法和外来纸烟相比。若是从国外进口烟叶，成本又太高，在残酷的市场竞争中，这第一家纸烟厂只得被迫停产歇业。大理也有一家民族私营烟草企业“苍洱仁智烟草公司”，亦因同样的原因，其产品质量低劣、味道辛辣苦涩而无法打开销路，一直处于风雨飘摇之中。随着烤烟栽种的成功和发展，云南又陆续建立了云南纸烟厂（后为昆明卷烟厂），云南烟叶复烤厂和云南省烟草事业总管理处等烟草科技、加工、管理机构。从烤烟的引种、栽培、烤制到卷烟的生产，建起了一支强大的烟草产业大军，从而形成了云南烤烟规模化生产的雏形，不仅解决了省内卷烟工业的原料供给问题，而且能向省外输出烤烟。

20世纪40年代，云南烟草工业一跃而起，云南纸烟厂生产的“双十”“重九”“七七”“安乐”牌香烟

（有包装和听装），新华烟公司生产的“金殿”“新华”“红骑士”牌香烟，兴业烟公司生产的“大运”“三皮”等品牌的香烟，质量优良，销售破万，在全国烟草市场都有着较好的声誉，年营业额达数十万元之多。直接和间接参与烤烟种植销售并赖以其生活的人有数十万之众。仅云南纸烟厂的卷烟产量，从开工时的1943年为587箱，逐步上升为5000箱左右，到1945年就达到7000箱。在昆明宝善街开远会馆，近日楼旁俊丰货仓等大小商号，已形成以昆明庆云街为中心的卷烟交易市场。到20世纪40年代末，拥有160余家大、小批发商和批零兼营商，每日卷烟开盘成交额达四五百箱。各县街区，也均有烟叶交易，对促进地方经济发展，改善农民生活，解决城镇就业等问题，起到了积极的作用。

在抗战前，云南财政收入中，只抽取本地土烟税，税率极低，并无烤烟科目。自从引种美种烤烟并烘烤成功后，每年度烤烟叶和纸烟的税收，都有了大幅度提高，使云南的经济有了优厚的补充。不仅云南的烟税猛增，也把国内以南洋兄弟烟草公司为首的几家卷烟工业从无米之炊的困境中解救出来，有力地支援了抗战。

云南的“两烟”生产增加了各级政府的财政收入，为抗战做出了贡献。云南的烤烟也以其可观的规模、上乘的质量，以及地方优势而跻身“烤烟大省”的行列，使云烟发展走上了快车道。

喜育“红花大金元”

面对“两烟”发展的大好形势，身为烟草改进所所长的徐天骝，并没有因此而沾沾自喜，故步自封，而是更加感到责任的重大。他时时在观察着“金元”的栽培和推广情况，经过认真的调查和科学分析，发现 1939年引种的“金元”品种，经过多年栽培之后，发生了劣变退化，影响到了烤烟的质量。他找了几个渠道，经多方努力，试图直接从美国引进新品种，均未能如愿。美国对烟种的管理非常严格，引来的一些品种，要么是劣种，要么就是被处理过的，根本不会发芽生长。

烤烟的退化问题已非常紧迫，必须尽快解决。徐天骝苦思冥想，想到了一个主意。最好的办法，就是请当时驻扎于昆明的飞虎队队长陈纳德将军帮忙，他经常往返美国，在美国购买烟种非常方便。这既可以保证买到真货，又快捷便利。徐天骝于是向省主席龙云谈了这一想法。龙云非常赞同，当时即说：“要这样做，看来得送点大礼。你放心吧，我会安排的。”

龙云安排在五华山宴请飞虎队队长陈纳德。席间，他拿出30两黄金摆在桌上，请陈纳德帮忙从美国购买美烟新品种，并“希望能在明年播种以前寄来”。陈纳德笑答说：“龙主席，凭我跟云南这么多年的交情，这点小事，理应帮忙。烟种我会帮你们弄，黄金嘛，就不必了。”龙云解释道：“将军有所不知，我们原来栽种的‘金元’品种发生了蜕变，想引进新品种。因为国与国之间的技术垄断，经济封锁，我们毫无办法。他们千方百计从美国购来的品种，都是被处理过的，根本培植不出来呀！”陈纳德听明白了，感叹地说:“这些年来，我也深知云烟对财政的贡献有多大，我的飞机、燃油、给养，都要靠着香烟吧！”他于是接过黄金，并信誓旦旦地说：“我一定帮你买到最新最好的美烟籽种，这就作为我回报云南的一份礼品吧。”

1946年初，陈纳德用几个听装的铁制香烟筒带来了美国烟种，分别标明为“大金元”（Mammoth-gold）和“特400号”“特401号”3个品种，均为来自当时美国烤烟主产区弗吉尼亚州的一流优良品种。龙云收到这些籽种，高兴万分，立即将它交给徐天骝。一再嘱咐他说：“这是陈将军突破美国的重重封锁，为我们弄来传宗接代的救命种子，你们一定要珍惜啊！”

徐天骝拿到烟种，如获至宝，极为小心地带到玉溪，交给玉溪的技术员徐相专职保管。为了试种这几个品种，临时在玉溪州城白家菜园租了十多亩田地，指定经验丰富的技术员祁建华具体专职试种。试种的结果大获成功，长势十分喜人。那时还没有塑料薄膜，为防止自然授粉，一时找不到恰当的用具。徐天骝突然想到，可以用民间老百姓做包装、做纸伞的油纸来解决这一问题。他派专人从腾冲买来油纸，做成纸套，套留种花，有效地防止了烟花自然授粉。“大金元”“特400号”“特401号”3个品种对比试种的结果表明，“特400号”“特401号”只适宜在坡地上栽种，而“大金元”综合指数最佳。它具有生产周期短、质量上乘、抗病害能力强的特点，比较适合于云南的气候与土壤。徐天骝当即决定以“大金元”代替原来的“金元”品种，在全省推广种植。经过投放大田后，这一品种取得了明显的成效，不仅亩产从原来的40余公斤上升为60公斤左右，而且烤烟质量显著提高，中、上等级烟叶达40%以上，给广大烟农和地方财政都带来了丰厚的收益。“大金元”开的是红花，烟农便亲切地称其为“红花大金元”。“大金元”于是成为云南最好的烟叶品种，后来在全国评比中亦位居第一。

云南烤烟事业的发展，从旧社会到新社会，都是有领导、有组织、有计划的政府行为。“科学是第一生产力”，没有烤烟知识的武装，没有对烤烟栽种、培育、烤制的整个过程的技术指导，是不可能成功的；而把烤烟知识转化为烤烟产品，进而成为云烟产业，更是一个艰苦漫长的过程。它具有严格的科学性，是一个专业性极强的技术产业。这么庞大完整的产业，是在政府领导下，由几代科技人员和广大烟农，几十年如一日地以群体连续积累的成果，绝非一时一地，一丁一卒，一蹴而就的偶然产品。没有专家白手起家、一点一滴以专业培训出来的庞大的技术队伍和懂得栽种烤烟的广大烟农，是不可能有今天的云烟产品的。云南烤烟发展的实践证实，云南烤烟事业的蓬勃发展史，是由一支烤烟栽种、培育、烤制的专业技术队伍和云南广大烟农、烤烟工业生产人员所共同创建的。以徐天骝为首的老一辈农科专家的良苦用心和辛勤劳动，发挥了举足轻重的主导作用。云南烟草产业在抗日战争期间异军突起而跃居国内同行前列，并为新中国建立后云南烟草产业的长足发展奠定了坚实的基础。

为云烟发展保驾护航

云南大学建立农学院，徐天骝被调任农学院教授。此时，他身兼学院教授和烟草改进所所长两职，将两项工作结合在一起，继续为云烟的发展保驾护航，并出版了他的第一部烟草专著，这也是我国烟草史上的第一部专著。

他带领学生和职工继续深入到烟草种植的第一线，与烟农为伴，像老黄牛一样奔走在田间，指导工作。这时出现了变异烟草，有人贪大求快，只追求产量，扩张种植，几乎葬送了云烟事业。周总理明令制止，徐天骝受托在省人大常委会上发表了实现云烟优质高产的意见，省委给予了肯定并下达执行，全部铲除变异烟草，保住了“云烟”金字招牌。

“博弈”走双“车”

就在省政府采纳了烟草改进所意见，准备在全省推广“大金元”时，时任云南大学校长的熊庆来要发展院系学科，他从云南的实际出发，在1946年首次建立了云南大学农学院。熊庆来有一个理念：“要办好一所大学，一个学院，就是要靠几个名牌教授。”刚刚创办的云大农学院急需名牌教授，徐天骝自然成了他首选之人。

熊庆来一方面找徐嘉瑞做其弟徐天骝的工作，一方面亲自找省主席龙云要人。龙云一听就否定了，说：“徐天骝走了，怎么推广‘大金元’！”熊庆来也急了，回说：“主席不是对我说过‘农学院就是云南最高的农业学府，要做百年树人的工作吗？’像徐天骝这样有建树的农学家，能少得了吗？”省主席龙云犹豫了。后协商良久，双方达成协议：徐天骝调云南大学农学院任教授，专门开办烟草专业的教学，同时亦兼任烟草改进所所长，一人兼任两项工作。既让他着力培养云南烟草的技术力量，同时又可带领农学院学生以实习等方式，汇同烟草改进所科技人员做好“大金元”新品种的推广工作，这岂不两全其美？身兼两职，目标一致，不也是为云南烟草长期发展储备后继人才的一着好棋吗？

其实，早在1931年，徐天骝就曾被聘为云南大学前身东陆大学的法文教授。当时他主要考虑的是，自己的法语不要因为长期不用而生疏，而且作为兼职教授，只是上几节课而已，不会影响自己的专业发展。但现在则是要调进来做专职教授了，必须全力以赴，比不得做兼职教授了。他犹豫再三，担心工作繁忙，首尾难顾，下不好这盘“棋”。但熊庆来的盛情难却，家兄徐嘉瑞也一直鼓励他去应聘，多承担一些担子。况且龙云主席已经点了头，想不去都不行了。他恰似在为烟草的“博弈”中，走出了双“车”。如若调度得当，会更显出弈锋的犀利。

进入云大农学院，徐天骝最重要的是安排好课堂教学和烟草改进所工作的时间表，将二者紧密地结合起来。作为云南最高学府的云南大学，有着优异的科研条件和实验条件，这对自己专业的提高和发展大有好处；而将烟草列为一个专业，培养后备力量，对云烟在全省各地的推广和长足发展也是非常有利的。他自编教材，自制教具，同时开出了基础课、技术课和教学实践课。

“大金元”推广栽种之初，农民对新品种心有疑虑，不愿更换籽种，徐天骝以教授和所长的双重身份，利用实习时间，带领学生和推广人员深入到农户中做宣传，并举办培训班，亲自介绍新品种的好处。他和学生一起把课堂搬到田间地头，手把手地教农民播种、间苗、打尖、施肥。白天下地实践，晚上点着油灯写教案、写总结。这种急用现学的教学方式，收到了立竿见影的效果，学生们都感到受益匪浅。他常常对学生讲：“黑板上种不出庄稼，书本上是搞不成‘示范田’的。农学家只能在田野的实践中才能造就。”他带学生边上理论课，边实践。亲切和蔼，没有架子，学生们喜欢他，烟农也喜欢他。

皇天不负苦心人，徐天骝在在教学和工作中“博弈走双车”的努力取得了很好的成效。到了1948年，“大金元”品种已在云南省的11个地区、72个县广泛栽种。为了防止烟种的蜕变，徐天骝认真总结了“金元”退化的原因和教训，他带领农科人员和学生，从实践中采取了一系列有效措施，终于使“大金元”这一品种在云南的大地上长久不衰地成长起来。而从云大农学院毕业的一批又一批学生，带着他的教诲和嘱托遍布全省，成了云烟后继的有生力量和技术保障。徐天骝的艰辛努力，收到了预期的效果。

抗战胜利后，云南烤烟事业有了更大的发展。包括原烟草改进所的发放贷款、普及技术、推广种烟、采收烤制，任务都很重。云南烟草开始供应上海等地的厂家，成为他们的优质原料。烟草采集以后的分级、打包、统购、经销，都需要管起来，因而又成立了烟草统购、统销处，接着又在上庄建立了云南纸烟厂，生产香烟，请来了上海技师，生产出“七七”“重九”“双十”3个品牌的香烟。鉴于香烟生产越做越大，管理范围越来越宽，省里于是决定成立“云南省烟草生产总管理处”统管烟草事业。任命赵济为总经理，徐天骝、常宗会为协理（即副总经理），吴襄为襄理，统管云南省烟草事业。

“云烟”是个十分赚钱的事业。徐天骝若就任烟草生产总管理处协理，则相当于当时政府人员级别的副部级待遇，仅工资就400大洋，效益好时还另有奉送。那时昆明很少见到汽车，但协理上班都有专用包车接送。这对于儿女成群、工资不高（教授工资还不到200大洋）的徐天骝来说，是一个很好的条件。但这总管理处协理的工作很繁重，需用全力投入，这又意味着要舍去云大农学院的教授工作。由于这一职务的收入与教授悬殊太大，天骝有些恋栈。他的五哥徐嘉瑞为此很不高兴，苦口婆心地给他做工作。徐嘉瑞认为，按他的学问和资历，去做产业管理工作是屈才了，荒废了他的学识，是没有前途的；应坚持在农学院任教，把才能发挥在教书育人的工作上，才是正道。天骝于是又一次牺牲眼前的经济利益，婉言谢绝了总管理处协理的任命，仅兼任烟草改进所所长职务，主要的精力仍坚持在云大农学院任教。这一步棋是走得对的，使他这位农学教授稳步地从旧社会过渡到新社会，继续发展了他农学事业的成就。

1947年，徐天骝又举荐了自己最信任的助手褚守庄，接替了烟草改进所所长职务。褚守庄是1942年经徐天骝精挑细选后调入烟草改进所工作的，先是担任技术员，1945年任副所长，1947接任所长。褚守庄继任后，在很多关键问题上，始终能和徐天骝保持一致，力往一处使，为“大金元”的引种推广立下了汗马功劳。他尽心尽力地把云烟事业当作自己最重要的事业，为之奋斗了一生，也成了我省著名的烟草专家。徐天骝经常得意地说：“搞这么多年的烟草，我选对了一个合格的接班人。”自此，徐天骝最后卸下了产业管理的担子，专心致志地去做农学研究和培育人才的工作。

史上第一部烤烟专著出版

熊庆来先生是云南大学历史上最有作为的一位校长，从1937年到1948年的任期里，云大取得了举世瞩目的成绩。他的办学理念和许多观点对云大文化的形成起到了重要的作用。他曾提出：“教授不仅要教书育人，还要著书立说。”在他的倡导下，云大的教授们纷纷拿起笔杆，把他们多年积累起来的科研成果和教学经验写成了文字，许多著述均由云南大学为之出版发行，留给了后人一份宝贵财富。在熊庆来校长的感召下，徐天骝自然也不例外。1949年10

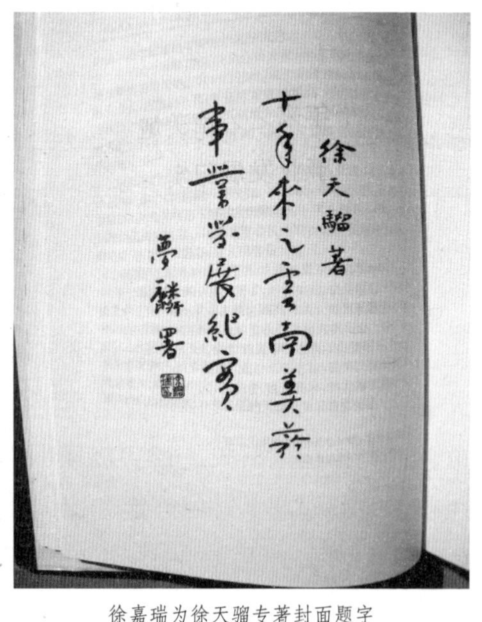

徐嘉瑞为徐天骝专著封面题字

月，他出版了中国烟草史上第一部烟草生产和烤制的专著《十年来云南美烟事业发展纪实》。

这本书的写作是十分艰苦的。徐天骝白天要去上班，只能用晚上的时间写作，因而常常熬夜。为了写作，每晚他都要抽很多烟，到睡觉时烟灰缸里总是积下满满的一缸烟头；而且还喝浓茶，他只喝云南沱茶，因为沱茶味道醇正，泡出来的茶很浓。他的夫人将沱茶拿到甑子上蒸软，然后掰开晾干，放在茶叶盒里专给他泡茶用。就是从这时起，形成了他猛抽烟、喝浓茶的习惯。他的写作非常严谨，有时为了印证一个资料、一个数字，常常要翻阅很多书，请教很多人。那段时间，他的书房里堆满了各种资料，书桌上不够放，就分门别类地放在地板上。为了避免资料被风吹乱，他把门窗都关紧，不让别人进书

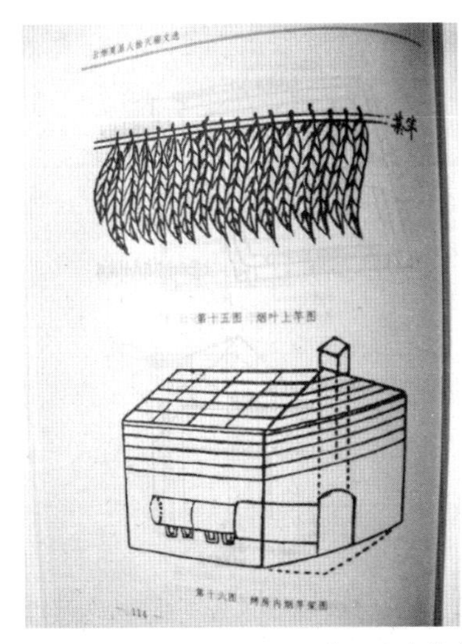

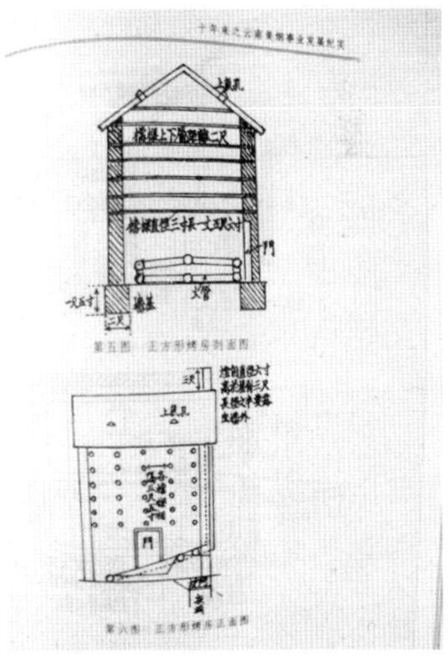

徐天骝专著中的自绘图

房，连书房卫生都是自己亲自打扫。

《十年来云南美烟事业发展纪实》这本书涉及的内容很广，不仅记录了烟叶的产生以及引进到国内、引进到云南的历史，更详细叙述了烤烟在云南推广、栽培以及病虫害防治、烘烤、复烤直至烟卷制造的全过程。全书图文并茂，各种栽培方法，包括建盖烤房的图纸，他都绘制得十分精细。经过较长时间的艰苦笔耕，书稿终于完成了，第一个读书稿的人就是他的五哥徐嘉瑞。徐嘉瑞当时已是我省著名的文史学家、教育家，面对胞弟的第一部著作，他也视为珍宝，认真地阅读，亲自对书稿进行文字上的加工润色。嘉瑞在读后激动之余，一反从不为别人题字的规矩，欣然为胞弟的专著题写了书名。直到现在，那极

1955年6月，徐天骝夫妇与五嫂姚九畹（中坐者）及子、女、侄孙合影

富特色的“十年来云南美烟事业发展纪实”13个大字，仍闪现着这位文学书法大家的生动手笔。由于当时印刷条件很差，铅印的小样出来后，错误甚多。徐天骝便给子女们分配了任务，要求每人都来帮他初校一部分，再由他进行总校对。当时像这样的专业书籍，只能自费出版，而且没有销售的渠道。书印好后，他即免费赠送给烟草工作者和相关人员，使他们的工作更有了理论依据，业务中有了更明确的遵循法则。徐天骝多年的积蓄，因出此书而花光了。但他无怨无悔，认为花得值。

多年来，《十年来云南美烟事业发展纪实》这本书，一直是栽培和研究美种烤烟的重要参考书籍，也是云南乃至全国首部烤烟生产事业史的专著。徐天骝在书中特别提出了“创育新种”的对策。他认为：“一方面要看到农学进步日新月异的规律，同时，每个新种的引入都有一定的时限性，重复栽种出现蜕变是种子自身的规律。因此，只有将先进的种子同本地具体的生长环境条件结合，‘创育’出来的种子才能保持良性循环，只有不断‘创育’，才能推动云烟产业不断向前发展，‘创育’新型品种是根本之图。”

属牛的老黄牛

人们在赞美“云烟”的辉煌，褒扬徐天骝的功绩，许多学生将这些美好的传言告诉他时，徐天骝总是憨厚地抿嘴一笑，说：“这怎么能算在我的账上？‘云烟’

1959 年，徐氏昆仲与部分家人合影（前排右起：徐天骝、徐桥、徐嘉瑞、姚九畹、王桐仙；后排左起：徐丹、徐惠曾、徐声淮、徐声灏、徐声玉、徐声璜、徐声瑛）

这块金字招牌是来之不易的，是一千多名烟草科技工作者和广大烟农用心血和汗水换来的，任何人都不能贪天之功为己功。况且，在当时的历史条件下，若不是政府高度重视，投入巨资，有目的地发展，我个人纵有天大的本事，也无法施展。” 他常常告诫学生，不能居功自傲，取得再大的成绩也要归功于人民群众。他还多次感叹地对学生们说：“‘云烟’取得了丰硕的果实，也不能脱离当时的历史背景。若不是抗战带来的机遇，政府有目的地发展这项事业，我虽是当时唯一的农学博士，也是英雄无用武之地，难有建树啊。我常常回忆起赴法勤工俭学时，周总理建议我去学农业，并要我学成回国后，为改变家乡贫穷落后的面貌做贡献。我的生辰恰好也是属牛，我要向周总理学习，做人民的老黄牛，辛勤耕耘，无私奉献；鞠躬尽瘁，无怨无悔。”在追求事业的过程中，徐天骝逐渐步入老年，但他仍马不停蹄地投入到新的征程中，为他所倾心的烟草事业再创辉煌而竭智尽力。

为了推进和扩大烤烟事业，1955年10月至1956年3月，徐天骝赴北京参加全国作物栽培学讲习班。学习班由苏联专家主讲，徐天骝应邀讲了烟草学。1957年，他的第二部专著《云南烤烟的栽培和烤制》正式出版，对烤烟理论和技术做了更为全面的介绍，具有很强的指导性。1958年，年近60的徐天骝还赴宜良江头村永丰乡宝红公社参加“三同”及教学整改；在玉溪、江川、通海、建水、华宁指导烤烟生产和科技改革。1959年，在曲靖沿江公社作业区史家村、澄江吉花公社旧城管理区、玉溪郑井等地指导烟草栽培，仍和烟农同吃、同住、同劳动，在田间地头为烟农传授知识技术。

保住“云烟”金字招牌

1953年，全国召开了烟草质量评比会，经过各地专家的品尝评比，先是河南许昌的烤烟获得了100分。当云南的“大金元”烤烟送到会上时，专家评比后，竟然获得了108分，夺取了全国魁首。“云烟”成了一块金字招牌，在全国声誉鹊起。

“大金元”虽然夺得了全国之冠，但它的发展却并非是一帆风顺的。在“三面红旗”召唤下的“大跃进”，同样波及了这块领地。1957年，玉溪专区农科所的3个干部，在江川县岳家营的烟田里发现了30多颗植株高大、叶数较多的烟株，觉得很奇怪，便向当时的所长做了汇报。所长听后大喜过望，立即组织试种，果然长势喜人。于是大量采集回收烟种，并将其命名为“581号”烟叶新品种。

1959年11月云南省第一届农业科研会在昆召开，玉溪专区农科所这位所长在大会上极力推荐“581号”。他说：“我们玉溪农科所发现了一个烤烟新品种‘581号’，产量很高。种‘581号’比种‘大金元’更实惠。”在“大跃进”行行都要“放卫星”的背景下，一些地方农业局官员如获至宝，争相购买“581号”烟种。1960年以后，“581号”在全省普遍种植。到1963年，有的地方“581号”栽种面积竟占了烟田的80%左右。“581号”是一种变异烟叶，其大量产出，导致了云烟质量急速下降，使省外的卷烟质量也大受影响，外商反应强烈，严重影响了出口。当时运到西德的一批烟叶，经外方检测质量不合格，对方拒收。此事惊动了周恩来总理。周总理得知拒收原因后，指示：“为了保住‘云烟’的信誉，这些异种烟必须就地焚烧。”周总理当即责成时任云南省委书记的阎红彦同志查处此事，并建议他找烟草专家徐天骝协查办理。

其实，徐天骝对此事早就心知肚明，并已提出过意见，不同意种植“581号”。但在那个“多、快、好、省”，“宁要社会主义的草，不要资本主义的苗”的年代里，他的意见受到了压制。何况那时他早已辞去了烟草改进所所长职务，不再是决策者了。虽然心中万分焦急，也无可奈何。现在总算可以讲真话了。

1964年3月，在阎红彦书记等领导的支持下，当任云南省人民委员会委员的徐天骝针对烤烟问题，在省人大常委会上做了一次重要的发言，题为“对云南烤烟实现优质高产的几点意见”。他说：“我们的云烟能在世界上享有相当高的声誉，最关键的原因是烟的质量能与美烟媲美。有些国家向美国买烟叶，不仅价格昂贵，还有附加条件。而买我们中国的云烟，不仅价格合理，而且从不搞任何附加条件。因此，不论发达国家还是发展中国家，都喜欢买云烟而不买美烟。所以，我们一定要千方百计，保住云烟这块金字招牌。烤烟只追求产量，而忽视烟叶质量是极其有害的。‘581号’烟种，讲单产是世界第一，但它的致命弱点是质量不行。此烟是一种多叶烟，是通过天然授粉杂交变异而成的。它植株高大，叶数较多。但叶片比‘大金元’窄而薄，烘烤后无论是颜色和香味，和‘大金元’比都相差甚远。为保住云烟的声誉，保住云烟的经济支柱，我个人的意见：对我省烤烟在品种安排上仍然要栽‘大金元’，因为‘大金元’味醇，烟叶质量好。在没有找到比‘大金元’好的烟叶品种以前，仍然要以‘大金元’作为我省的当家品种。”接着，他提出了关于云烟生产的十一条意见，逐条进行了科学的阐释。这是经过他认真调查研究，科学分析论证过，针对性和指导性都很强的意见。当他的发言结束后，全场报以热烈的掌声。徐天骝的意见受到省委、省政府的重视和采纳。省委、省政府当即对全省下了一道死命令：全部铲除已种的“581号”烟苗，重播“大金元”。哪个地方若再种“581号”，就要追究当地领导的责任。

1960—1963年，云南省的烤烟发展曾误入歧途，在关键时刻，是徐天骝在周总理关照下、在省委领导的支持下亲自出马，以实事求是的科学态度，扭转了乾坤，在关键的时刻又一次保住了“云烟”这块金字招牌的荣誉。1964年后，“581号”全部绝迹。这是徐天骝对云南人民的又一贡献。

难舍桃李躬耕处

云烟产业正在蓬勃兴起之时，徐天骝选择辞去烟草工作，转而专注于农业科学教学，做出了人生道路的又一次正确抉择。在教学中师生互敬互爱，建立了亲密关系。自20世纪20年代踏上讲坛起，至今已是桃李满天下。他加入了九三学社，成了农林大口主委，积极为团结更多的学界人士而努力工作。

执着于教育事业

徐天骝不仅是一位脚踏实地的农学家，也是一位教育家。从1946年被调到云南大学农学院任教授，直到1989年去世，40多年来，他一直在农业大学这块播种智慧的土壤里辛勤耕耘，培养了众多的优秀农科人员。这根源于父兄的影响、家庭的传承，也是他自己的挚爱。这40多年执着于教育事业，开启了他另一番辉煌的岁月。

1958年，昆明农林学院从云南大学分出独立建校，“文革”后又改名为云南农业大学，徐天骝就一直在学校从事教学和科研工作。他尊崇孔夫子的“有教无类”的训导，认为师生是平等的。对学生从不分亲疏，无论是乡村来的，还是城市来的；无论是富家子弟，还是贫困子女；无论是基础差的，还是学业优秀的；无论是顽皮生，还是守纪生，他都一视同仁，关爱如子。他认为，只有学生的人格得到尊重，学生才会尊重你，接受你传给他的知识。并认为教师的责任就是开导学生，调动他们的学习积极性，着重提高学生独立思考能力和想象力。他很赞赏茹贝尔“想象是灵魂的眼睛”和法朗士“好奇心造就科学家和诗人”的名言，认为教师的责任，就是激发学生的想象力和好奇心，进而培养创造性思维。这就要求教师必须有渊博的知识，精美的语言，精湛的教艺；而照本宣科，其味如同嚼蜡，是无法做到的。徐天骝讲课时生动活泼，语言精美，教艺精湛，常常引经据典，旁征博引。就连一些枯燥的农科知识，经他的口讲出，也会让学生听得津津有味，大大激发了学生们的想象力和好奇心。

此外，他坚持一个信条，那就是“农学家只能在实践中造就”。在黑板上种庄稼，书本上搞“样板”是不可能造就人才的。因而，他的课程从章节小结、单元见（实）习到课程设计，都始终强调实践性。在徐天骝看来，在实践中培养创造性思维能力是教学的灵魂，实践才是农业教学的生命线。毕竟，农业生产无论哪个环节出了问题，就会颗粒无收，就会饿肚子。烤烟更是如此，即使果实到手了，烘烤操作违规就会全部报废，这方面的教训不胜枚举。所以，讲授烤烟，就必须尊重客观规律，准确地讲清作物的生长过程。他说，这就是实事求是，自然辩证法的规律也自在其中。不能虚夸，也无须贴标签，更不能画蛇添足。

徐天骝对教学工作十分认真严谨，作为一个资深教授，他从不吃老本，而是非常注意知识的更新，各种农科杂志和新出版的书籍他都饱览无余。本来他已经精通法语、英语，为了适应当时形势的需要，他又学通了俄语。不仅懂三国外语，其中文水平也很高。一个学农科的人，能有如此文学功底，令人惊叹，这也是当时教授练就的基本功吧！

60高龄之时，徐天骝照样每天备课到深夜。他把备课过程作为知识更新的过程，认为随着时代的发展，科学的进步，必须提高自己，跟上时代步伐，才能教好每一堂课。他在备课时从不马虎，经常阅读新的知识，了解新的信息，以便及时地充实到教案中。他的每一份教案都规整清晰，一丝不苟地用毛笔字工整地写就。同样，在省里或其他公共场合的发言，也都是经过深思熟虑和认真的准备。他始终坚持，不讲无准备的课是老师的天职，不做没人爱听的发言是知识分子应有的水准，这也是对别人的尊重，对知识的尊重。

1957年2月8日，《云南日报》在《用科学总结农民的生产技术经验，云大徐天骝教授和老农座谈》一文中报导："云南大学农学系教授徐天骝，利用在楚雄区进行全国职工科普工作积极分子大会传达工作前后的空隙时间，和当地老农、农干部，举行了关于烤烟的座谈会，大家热烈讨论了烤烟的栽培、烘烤技术及烤烟施肥技术等有关问题，其中，特别讨论了江川烤烟种植经验和烘烤技术。徐天骝教授在座谈会上重点总结了江川烤烟大面积丰产的经验及其特点，并从科学理论上分析了农民的宝贵经验和智慧，提出了今后烤烟种植及烘烤的意见。座谈会一直情绪热烈地进行了3小时，大家一致反映收获很大，要求今后能多开这样的座谈会。参加座谈会的有具有丰富烤烟栽培经验的老农、有技术推广站的干部、有县委合作部经济作物办公室的同志，还有玉溪区、江川县的烤烟师傅。"身为云南大学农学院教授的徐天骝先生，身在校园，心在田间地头。他坚持理论与实践相结合，科研与生产相结合，思想与农民相结合，并以此来指导自己的教学和科研。所以，一直能屹立在烟草事业的前沿，和他一代又一代的学生们一起引领着“云烟”事业的发展。

几十年来，徐天骝在教学之余，坚持每年用一段时间深入农村调查指导，积极编撰教材。1960年6月至9月，他在山东益都烟草研究所编写了《中国烟草栽培学》。1963年，在重庆北碚西南农学院参加西南区“作物学”教材审稿。而他所撰写的《中国烟草栽培》《十年来之云南美烟事业发展纪实》（1939—1949）《云南烤烟的栽培和烤制》《对云南烤烟优质产品的一些意见》等论文和著作，已成为教学和科研的重要经典。

互敬互爱的师生

徐天骝非常爱自己的学生，视学生有如子侄一般，几天不见学生面，心里就觉得不舒服。尤其是课余，他常以平等的一员加入到学生们的行列中，和他们一起谈天说地，谈古论今。每到周末，一些地州的学生便会集聚到他的家中。有的还带上家乡的土特产，自己动手烹制，在饭桌上常常会有一些意想不到的美味佳肴出现。无论是云大新村27号，还是农林学院小10幢10号，他的家都是学生们的乐园，很多学生还成了他的忘年之交，甚至子女的同学也常常单独来家中找他请教、谈天。许多人开玩笑说：“学烟草专业的学生，都是徐老师的干儿子、干姑娘。”“文革”中，有些大字报上曾以此对他进行了批判，说他是“收买无产阶级接班人，培养资产阶级的孝子贤孙”。可他的学生们却对此嗤之以鼻。教书育人不仅仅是课堂上的正面教育，善于运用内容不拘、形式不限、丰富多彩的课余活动，对于调节师生间的关系、同学间的关系，缓解学生的学习压力，疏导学生的心理健康都是大有裨益的。寓思想教育于各种活动中，常常可以收到意想不到的效果。许多学生在离开校园后，还念念不忘和徐先生在一起度过的美好时光。虽离校多年，仍保持着密切联系，除了感情上的联络外，还有学术上的信息交流。

徐天骝的辛勤耕耘，迎来的是满园桃李。他的学生多为农业战线的技术骨干，有的是跟随他奠基云烟的创业者，如王复卿、田华章、段成祐、徐相、杨克恭、杨嘉泰、李崇善、李茂春（彝族）、徐声和、祁建华、王拂云、钟天才、李琨（白族）、刘家奇（纳西族）、刘伟林等；有的奋斗在科技教育战线上，如李爱源、彭桂芬、李存中、卢美瑢、杨永言、奚祚鼎、万中、苏显忠、李文彦、彭建明等；有的是知名的革命前辈，如聂耳、赵琼仙、卓琳、张增智等；还有的后来成了省市农业战线上的领导，如李铮友、陈勋儒、叶茵、卢凯瑛等。

徐天骝关爱学生，学生更是三倍地关心他、体贴他，始终把老师的冷暖挂在心头。罗静娴（罗佩金将军之女）针线好，冬天到来之前，她总是相约同学来看老师，给老师做合身的冬衣。徐天骝生病了，立即找从事医务的学生来为他治病。在省人大、省政协开会期间，欢聚昆明的学生们总是前呼后拥，围着老师问寒问暖。李贤贞（艾思奇胞妹、龙泽汇夫人）、席淑芳（朱家璧夫人）等学生，亦不顾自身疾病，经常来看望老师。刘厚生（江应梁教授夫人、刘幼堂之女）下肢瘫痪，仍坐着轮椅，逢年过节必来看老师。原第一种植区主任王复卿，不论在地下斗争年月，或是在部队、在中央机关工作时期，心中始终牵挂着老师。他回到昆明的第一件事，就是先看望徐老师。国歌的曲作者聂耳准备离开上海留学深造前，听说徐天骝老师来到了上海，立即前去拜望徐先生，请教留学事宜。师生促膝长谈甚欢，临别时，聂耳请老师题词留念。徐天骝即以“先天下之忧而忧，后天下之乐而乐”的古训相赠。聂耳在日本不幸去世，天骝悲痛万分说:“英年早逝，这是中华民族的一大损失！可惜，可惜！”张增智是徐天骝在昆明女子师范学校的学生，有胆有识，才智过人。她早年加入地下党，是云南妇女运动和统战工作的先驱者之一。她担任教师和检察官，又是龙云身边的工作人员，曾以这些合法身份营救过许多革命青年和中共地下党员。她按党中央的指示，在南京争取龙云反蒋起义，协助龙云逃出南京到达香港。后又以合法身份常常往来于香港和昆明之间，进行秘密联络，完成了争取龙云北上，促进卢汉起义等重大任务。后张增智在最高人民法院、内政部、民政部等中央部门做领导工作，功高位重。但她却始终跟随徐天骝的侄子们亲切地称老师为“七叔”，从未改过口。还有一个称徐天骝为“七叔”的学生王拂云，因为是蒙自人，所以她从昆华女中毕业后，便一直追随徐天骝到开蒙垦殖局工作，后又到烟草改进所当技术员，徐天骝介绍她与自己的侄子徐声和结婚。王拂云是美烟种植推广的参与者，见证了云烟事业发展的整个过程。20世纪80年代后，她以亲历者的身份撰写了多篇有关美烟引种和推广的回忆文章，其中有《饮水思源，纪念云烟试种成功人徐嘉锐（天骝）先生》（《昆明政协文史资料》第11辑）、《我省云烟发展纪实》（政协文史资料集萃《风雨忆当年》工商篇）。

难忘总理兄弟情

徐天骝一生的追求和人生的道路，都与周恩来的引导和共产党的教育分不开，是周恩来和共产党人使他懂得了人生的真正意义和追求。正是他对人生的正确追求，才成就了他事业的辉煌，实现了他人生的价值。

还在他勤工俭学的时候，徐天骝就较早地接受了周恩来同志革命思想的熏陶。在天津时，有一次徐天骝陪同周恩来去找一位准备出国留英的学生。这个人的住所布置得豪华讲究，年轻的天骝不觉暗生羡慕，好奇地东瞧西看。周恩来察觉后，在回家的路上，耐心地对徐天骝说：“国难当头，我们年轻人要胸怀大志，先天下之忧而忧，后天下之乐而乐。要以苦为荣，以苦为乐，不要去羡慕那些排场。我们这次出国赴法勤工俭学，就是准备去吃苦的，我们这一代年轻人，一定要下定决心到艰苦的斗争中去寻找真理，求得解放。”这番教导，使徐天骝猛然醒悟。他细揣牢记，逐渐确立了人生的目的，树立了人生的苦乐观。还有一次，徐天骝和周恩来应约前去办事，在途中遇到两个青年学生正在争论问题，由于他俩谁也说服不了对方，无法统一认识。二人见他们争论不休，周恩来便停下脚步细心地静听了一会，知道他们讨论的是十月革命问题，便走上前去耐心地加以诱导。当时徐天骝因约会时间快到了，一个劲地催促周大哥快走。周恩来却说：“不要紧！要帮他们把问题搞清楚，使他们的认识统一起来，团结起来才好。”在周恩来的启发诱导下，这两个学生终于笑逐颜开地伸出手来和他握手致谢。周恩来这种“诲人不倦”的精神，给徐天骝留下了极为深刻的印象。周恩来和徐天骝路过英租界，徐天骝对周恩来说：“中国太受气了，自己的国土竟会有外国人的租界！听说有些犯罪的人，只要往租界里一跑，拿黄金、白银给洋人请求庇护，就万事大吉了。还有许多达官贵人，刮尽了民脂民膏，也搬进租界里去当‘寓公’，享受腐化生活，是不是？”周恩来点头回答道：“是的，这就是帝国主义奴役我国的具体表现，不过他们的寿命不会长。只要我们团结起来，奋发求强，是能够把他们赶出中国去的。”周恩来同志深刻的分析和坚定的意志，使得徐天骝对于中国的命运有了深刻的了解，并对他后来的追求产生了重要的影响。周恩来时时提醒天骝说：“一个青年，不以国家民族的存亡为念，只追求个人享受，是不对的。”并一再告诫徐天骝，“切不可学这样的人，这样为人是无前途的”。就在即将启程前往法国开展勤工俭学前，周恩来同志再次语重心长地对他说：“这次我们远涉重洋赴法勤工俭学，目的是为了求得救国救民的真理，不是去‘镀金’，你要深切体会赴法勤工俭学的意义。”到了法国之后，周恩来又嘱咐他：“要注意身体，好好学习，将来回国后，对人民多做贡献。”

在法国勤工俭学的生活实践中，蔡和森、王若飞、陈毅、李富春、陈延年、陈乔年、李维汉和邓小平等共产党人的革命活动，他们在巴黎近郊勤工俭学学生集中地的大学区、工厂区、华工区中进行的宣传组织工作，发表的演说，歌颂十月革命的胜利，宣传马列主义的活动，都对徐天骝产生了重要的影响，为徐天骝后来的人生道路奠定了坚实基础。

1945年，抗日战争胜利在望，人民渴望揩干身上的血迹，喘口气，过上和平的日子。中国共产党得民心，顺民意，为争取国内和平四处奔走呼号。8月间，留法同学黄齐生（王若飞的舅父）持周恩来手书来昆明找到徐嘉锐（天骝）。

周恩来的手书写道:

嘉锐吾弟：

现有留法同学齐生兄赴昆度假疗养，望弟

帮助解决食宿问题，时间较长，最好住在府内，其余自理。眼下，虽抗战胜利已成定局，然天空浓云密布，仍处多事之秋。望弟珍重，勿涉足党派，凭弟之技术声望，尽力所能及有益于人民可也。“居高声自远，非是借秋风。”

周大哥

民国三十四年八月

徐天骝捧读手书，如沐春风，欣喜地按照周大哥的要求一一照办，安排黄齐生同志在一个妥当的住处“度假疗养”。后来，他从黄齐生处得知，黄此来的任务是了解情况、指导工作、对外联系。那时，昆明小西门蒲草田有个“布店”，就是越共中央在昆明的联络点，越共老革命家长征等经常出没此间，黄齐生也去过几次。从1945年的8月至1946年3月，黄齐生都住在昆明工作。直到国共关系破裂，全面内战爆发前夕才结束工作，安全离开昆明。徐天骝一直关注着黄齐生的安全，深怕有什么闪失，不好向周大哥交代。黄齐生走后，一直盼望到他从目的地回了信，才舒了一口气。通过这次的任务安排，除让黄齐生顺利完成任务安全北归外，也使天骝保持了清醒头脑，正确处理了时局变革中的种种际遇。

1950年，云南解放了，徐天骝被选为昆明市人大代表。1955年10月，他赴京参加全国作物栽培学讲习班，担任讲授《烟草学》的任务。其间，周恩来总理邀他去长叙别情。总理问及他工作、生活各方面情况，并征求工作安排时，徐天骝满意地回答：“现在一切都好了，谢谢总理的关心！人生有限，我一生与烟农为伴，脚踏实地，心里实在。与学生为伴，学然后知不足，教然后知困，常教常新。托党中央、毛主席的福，我很满足了！”1956年，他被推选为全国首批科普积极分子，受到了毛主席的亲切接见，并被指定在会上交流经验。周总理再次到徐天骝的住地看望他，两人又一次亲切交谈。当谈到云南边疆也像全国一样发展迅猛、欣欣向荣时，周总理特别告诫他说：“无论何时何地，看形势、看问题；看成绩、看缺点，都要全面，实事求是。切不可片面、偏颇，走极端。你是全国科普积极分子，更要注意谦虚谨慎啊。”真诚的话语，使天骝感到温暖亲切，牢牢记在心。这对他顺利渡过几次政治运动，无疑是一剂清醒良药。这一时期，徐天骝也想加入中国共产党，但他胆子较小，总觉得缺点甚多，条件不够。为此，还征求了周恩来大哥的意见。周恩来同志想了想说：“像你这样身份的人，在党外还能更好的发挥作用呢。”听了这话，他就暂时把此事放下了。

20世纪70年代，应天津周恩来纪念馆邀请，徐天骝撰写了回忆跟随周恩来赴法勤工俭学的文章。为了完成这一光荣的任务，他每天起早贪黑，全力以赴地辛勤笔耕。当时他已是古稀老人，却思路清晰，下笔成文，一气呵成，没有在原稿上再改动一字，写下了《赴法勤工俭学前周恩来同志对我的教育》一文。并按天津周恩来纪念馆的要求，用毛笔在棉纸上工工整整地书写，不涂不改，一丝不苟，陈列于纪念馆内。该文还在《周恩来青年时代》一书的第1卷公开发表。之前还写了《回忆赴法勤工俭学》一文，载于《昆明文史资料选辑》第11期。

在徐天骝进入了晚年之后，仍念念不忘周恩来和共产党对他的教育。在他的一生中，周恩来都是在关键时刻拨亮他心中的明灯，让他增长了见识，让他在社会转折时紧跟着党走。“文革”之后，徐天骝说：“每当想起恩来大哥的教导，常常因为自己的实践离他的要求尚远而内疚于心。如今我虽年过古稀，但是，当此粉碎‘四人帮’之时，在党中央领导下，社会主义百花盛开，科学的春天也已来临之际，我决心再次要以周总理为榜样，活到老，学到老，改造到老，努力为宏伟的四个现代化添砖加瓦，在新长征的大道上继续奋勇前进。”

热心的民主党派代表

20世纪50年代以来，徐天骝先后担任昆明市一、二、三、四届人民代表，云南省人民代表，云南省人民委员会委员，云南省财政委员，中国农学会理事，云南省农学会副理事长兼烟草学组组长等职务，后加入了九三学社，出任过九三学社农林支社主委委员。作为一名普通的民主党派人士，他真正与党形成了“长期共存、互相监督、肝胆相照、荣辱与共”的亲密关系和诚挚友情，为党的革命事业和统一战线工作做出了贡献，不愧为民主党派人士的典范和楷模。

徐天骝对民主党派的工作是满腔热忱的，他加入九三学社后，尤其是在当任九三学社农林支社主委后，不仅在学社的组织生活中强调要自觉接受党的领导，而且十分注意与其他民主党派的同志协调合作。当时农学院除九三学社外，还有民革小组、民盟支部。他说："民盟支部在农学院成立最早，盟员最多，我们必须学习他们的好经验，好作风。民革在农学院的成员虽少，但他们当中有两位是农学院最早的教授，也是最了解农学院情况的老同志，只要我们很好的合作，在院党委的领导下，做好群众工作，对农学院的教学、科研是大有作为的。"

1960年1月，徐天骝被九三学社昆明分社提名，作为出席全国九三学社中央委员会第五届第二次扩大会议的代表，前往北京参加会议。当时成昆铁路尚未修建，又正逢春节前夕，去北京的火车只能订到硬座票。徐天骝当时已是60岁的老人了，大家顾虑他是否受得了。征求意见时，他毫不犹豫地说："你们能坐我也能坐，不必为我考虑。"

昆明到北京两天三夜的行程，火车车厢非常拥挤，走道里都拥挤着回家过年的乘客，吃饭、喝水都很紧张。虽然吃不好，睡不好，徐天骝和大家一样，在硬座车厢艰难地熬过了漫长的旅程。一路上他和大家说说笑笑，讲了许多趣闻笑话，没有露出一点倦意，于会议报到的最后一天，平安地到达了会议宾馆。陪同人员劝他先行休息，但他仍坚持要亲自报到。他说："报到以后，我还得去看看曲仲湘主委，听听他有什么指示。曲先生是学社中央委员，他已经参加了预备会，一定知道会议具体的要求和安排。先听一听，我们就便于参加大会了。"

九三学社召开的这次会议，共历时6天。不管大会小会，或其他活动，徐天骝都认真参加。一天，在参观定陵和长陵时正遇降雪，气候奇寒，多数年长的同志都不去了。陪同人员也劝徐天骝不要去了，他却幽默地对人说："你怕冷，你就不去，我是去定了。难道我们南方人就怕冰天雪地？"说完后便顶风冒雪地走出宾馆，和大家一起去参观。全国会议结束后，由于车路不畅，准备乘火车到成都再回昆明。会务工作人员歉意地对回昆明的代表说："现在正逢年底，怕延误大家回家过春节，能买到火车硬座票已费了不少力了，真过意不去。望各位见

徐天骝夫妇摄于翠湖（1964年2月14日）

谅！”徐天骝笑哈哈地说：“年底了，大家都忙着赶路回家嘛，有车坐就不错了。能让我们春节前到家，还得感谢你们呢。”到达成都后，陪同人员对徐天骝说：“坐了两天的车，你够辛苦了。回房间好好睡一觉，明天上午好上飞机。”他却笑着对陪同人员说：“我不仅辛苦，也够疲劳了，而且很紧张。”陪同人员奇怪地问他紧张什么，他说：“回昆明去就得传达会议精神。我想在火车上拿出材料和笔记再看一看，心里更踏实一点。哪料在车上连转身都困难，人声嘈杂，怎么静得下来？一路上，就怕回到学校应付这事那事的，打乱了思路，传达不好，对不起社员同志。你说能不紧张吗？”

“文化大革命”开始不久，民主党派被迫停止活动。直到1979年才恢复活动。学社副主委兼秘书长杨绍亭带领机关同志们去看望徐天骝，他像对亲人一样接待大家。当时徐天骝的退休工资只按70%发给，问及生活是否有困难时，他笑哈哈地说：“你看我们俩过得还不错嘛！够吃够用就行了，何况我还有点小积蓄。留下一点为最小的孩子完婚之用，把这件事办完，我就无忧无虑了。”他又说：“现在时间多了，可以为组织多做点事了。社里需要我做什么事，尽管吩咐，我一定尽责尽力做好。”

1973年徐天骝被选为第四届省政协委员，1981年又被选为第五届省政协委员。作为一个政协委员，他认真学习党和政府的各项方针政策，广泛地了解国情民意，认真倾听群众的呼声，积极参加政协组织的视察、调研等各种活动。每次政协全会期间，他总是极其认真地参加，从不迟到早退。子女们对他说："你年纪大了，身体又不好，小组讨论就不用去了。"他回答说："小组讨论能更多地听到委员们的真知灼见，更好地了解社情民意，怎么能不去呢？"他积极参政议政，认真撰写提案，踊跃地在各种大会、中会、小组会上发言。1980年，他在会上提出"研制健康型香烟"的命题。他说："烟叶的化学成分中，糖、蛋白质的含量都很高，此外，还含有多种有利人体健康的元素，应利用高科技手段，变'吸烟有害'为'吸烟享受'，要研制健康型香烟，综合开发利用烟草。"可惜这一高屋建瓴的想法，他已来不及进行科学研究了，只好留给后人去完成。1985年，徐天骝出席省政协第五届第五次会议，他被编在文卫组，可第二天却未见徐先生到会。原来他在坚持参加会议的过程中因劳累而中风，正住院抢救。省政协领导和九三学社领导得知后赶去看望他，他仍乐观地表示感谢，并说："等病好了，我就回来参加会议。"

被打入深山的知识“老农”

十年浩劫，徐天骝也未能幸免，多次批斗之余，他随学校迁往寻甸深山，住进真的牛棚、马圈，但他仍在当地种植出硕大的南瓜，与农民亲密往来，聊以自慰。可毕竟年迈多病，只好提前退休回到昆明。

牛棚马圈，住所双全

史无前例的浩劫开始了，徐天骝理所当然地被当成“资产阶级反动学术权威”被“揪了出来”，饱受各种折磨。他经常陪伴着“走资派”一起被批斗，每次都跑不脱。每逢批斗时，两名“造反派”就要从台下扭住手将其押到台上，把头往下按，群众戏称为“坐喷气式飞机”。徐天骝在法国勤工俭学时，曾右手骨折，因无钱到大医院医治，只找了一个民间接骨医生，把断骨接了起来。由于复位不好，从此留下了痼疾，手臂不能完全伸直。每次被“造反派”扭住时，他都疼痛难忍，备受折磨。

1968年，毛主席发表了“农业院校办在城市里不是

徐天骝与妻子王桐仙（1966 年 3 月）

1978年12月，徐天骝在白鱼口工人疗养院（杨春洲摄）

见鬼吗？”的最高指示，全国农科院校一阵风似的纷纷迁往农村。昆明农林学院也急忙找到了宾川县杨公箐的一个废弃农场，于1969年12月1日把教师们都随校迁过去。徐天骝一行“反动学术权威”更是重点要迁去的。这个农场从前主要是养牛，空下来许多牛圈。现成的牛圈用简易的篱笆一隔，便成了教授们的住房，可谓真真实实的“牛棚”。牛圈四处透风，隔壁放个屁都能听见，真让人哭笑不得。

1970年9月，昆明农林学院的林学系和北京林学院合并，搬到了漾濞县。而农学系则并入云南农业劳动大学，又搬到了寻甸。当时，为了多占土地，每个系都抢先霸占住一两个山头，系与系之间相隔甚远，要开一个全校大会，需两三天时间才能集中起来。徐天骝所属的农学系分在天生桥大洼子村，生产队把过去养马用的马圈稍加整修，又变成了教授们的住房，他们又算实实在在地住进了“马圈”。这样一来，徐天骝在浩劫中的待遇就不仅有了“牛棚”，还具备了“马圈”，可谓周全。

徐天骝分到的一间马圈，面积不足10平方米。后墙上凿开一个洞，用塑料纸蒙上便是窗子。晚上要用几块土基把窗洞堵上，否则风会把塑料纸吹掉。房内只摆上一张陈旧的床和歪歪倒倒的桌椅，就成了夫妇二人的住房。徐天骝是吃过苦的人，在草坝开垦农场时住过茅草搭的窝棚，发展烤烟时下乡也住过很简陋的房子，比这艰苦的日子他都过来了。就在这样的陋室里，他并没有抱怨，仍然积极乐观地过日子，相信总有一天会改变的。

徐嘉瑞（左）、徐天骝兄弟（1970年）

那时候，学生们都“停课闹革命”去了，教授们也无课可教，每天只是学学文件，读读报纸。徐天骝通过报纸和一个半导体收音机，关心着国家的变化，特别是还关注着云烟的生产情况。他是闲不住的，住房周围有许多空地，他便挖了十多个瓜塘，买来瓜种，种起了南瓜。每天浇水灌溉，松土捉虫，还从附近农户家中要来猪粪作为肥料。经过他精心的护理，南瓜长得很好。看着它们茁壮成长，他感到非常惬意，高兴之时还会情不自禁地哼上几句不着调的滇剧。这可能就是一个农学家对土地、对农作物特有的感情吧！到了瓜熟时节，一个个硕大的南瓜冲破瓜叶的羁绊，暴露在灼灼阳光下，让附近的农民都惊羡不已。农民们说：“我们种了一辈子的瓜，还没有见到那么大、那么好的瓜。不愧是农业专家，种出来的瓜都与众不同。”他们纷纷向徐天骝请教种瓜的经验，并向他索要瓜种。他毫无保留地把自己种瓜的经验传授给他们，并把瓜和瓜种送给了他们。他找人把这些瓜采摘后，送给了学校食堂，让大家美餐了一顿。吃着这又面又甜的瓜，大家笑称道：“这么甜、这么面的瓜，是知识老农民种出来的哪！”

在寻甸农村时，徐天骝患着高血压症，他的夫人则患着糖尿病，仅凭食堂的饭菜，难以调理患病的饮食。夫人王桐仙便买来一个小炉子放在门外，经常加工一点对疾病有利的食品。附近农民看到这两位风烛残年的老人住在这样的陋室里，在门口的大风地里做一点吃的，觉得很可怜，便时常送些蔬菜、板栗、野生菌和鸡蛋来。夫人看到农民们大冷天了还赤着脚，衣裳穿得又单薄，接受他们的东西于心不忍。尽管农民们说是送的，推推搡搡地不要钱，但她每次都还是超值地付给他们菜钱。后来，送的人越来越多。但不管送多少，她都会收下来，照样付钱。为此，积攒了很多板栗、鸡蛋，他们吃不了，把板栗自然风干，鸡蛋精心保存起来。每当子女们来看望，便会让他们带回昆明，分送给亲友。

无奈的退休

1972年，全国大干教育革命，各个大学都要办农场，以便和劳动生产相结合。昆明医学院的农村也设在寻甸，与农学院天生桥的农场相距十多公里。徐天骝的侄孙徐章随着医学院来到农场，非常想去看望二老。他利用一个星期天，借了一辆自行车，在一条黄灰四起的颠簸路上骑了两个多钟头，才去到了天生桥的农大农场。

当时的二老心情都不好，天骝更是愁容满面。这位留法的双博士，种植烟草、造福云南的功臣，这时穿着一件褪了色的蓝中山装，胸前一片污迹。戴着一顶褪了色的蓝布解放帽，帽檐已浸出了汗渍，遮阳也变得如同荷叶边一般卷曲着。二老看到侄孙子在这个山旮旯里突然出现，万分惊讶，还以为是家中出了什么大事了。待说明来意，才放下心来。他们的消息太闭塞了，徐章给他们讲

1971 年 4 月两兄弟家（兄徐嘉瑞 77，嫂姚九畹 74，徐天骝 71，王桐仙 71 岁）

了家中情况、昆明的情况，特别是讲了林彪叛逃坠机身亡的喜讯，他们才高兴起来。天骝激动地说："这个坏蛋，也算罪有应得了！"说到二老的现状，天骝叹息地说："这段时间也没有再挨批斗了，年纪大，也没有叫去参加劳动。只是学习文件和报纸，每天事情倒是没有多少，在混日子。就是生活太差，有时可以买到点农民的小菜，多数是在食堂打点吃吃。这样的日子不知要到哪一天啊！"

寻甸的生活是极艰苦的，尽管徐天骝是吃过苦的人，但毕竟年纪大了，身体又有病，这里缺医少药，子女

1973年，徐天骝夫妇在筇竹寺

们很为他们担心。这时，农大有一位叫罗光兴的教授，患有严重的高血压症，只身一人住在陋室里。有一天早上起床时，因低头穿鞋子，一下子就栽倒在地上，昏迷不醒。直到吃晚饭时，炊事员才想起罗先生怎么一天都没有来吃饭了，会不会出什么事？大家赶到罗先生住处，敲门无应答。从门缝一看，才发现他躺在地上。赶快破门而入，发现还有一丝气息，忙着叫来校医急救，才知是脑溢血。不幸中之大幸的是，他因为躺在潮湿的地上，又没有人搬动过，溢血没有继续扩散，才保住了一条性命。但从此半身不遂，只能躺在床上度过余生。

徐天骝的几个子女听说后，愈发地担心了。为保住

1973年2月徐天骝一家

二老的身体健康，他们以此为由，力劝天骝退休。按当时的政策规定，教授是可以不退休的，何况他这时连70岁都不到，还可以做许多工作，发挥光热。开始他不肯，子女们反复劝说："你如果不退休，就得长期待在寻甸大洼子。二老都体弱多病，虽有七个子女，但各有自己的工作，不可能到身边照顾你们的。若发生意外怎么办？"经反复劝说，他才同意了。1972年1月，徐天骝提出退休申请。1973年2月12日，被批准退休，工资仅按70%发给。二老于是回到了昆明。

晚霞若虹

在原昆华女中学生卓琳的关怀下，省委领导在昆明市兽医院腾出两间空房，徐天骝终于有了一个“安乐窝”。在他安度晚年时，仍乐此不疲，做了一系列的工作，并写了两篇他与周恩来同志相处，受到总理多方教导的回忆录。他还获得了国家颁发的“从事农业科学五十年以上”荣誉证书和表彰状，名字载入了农业科学家的《芳名录》。全国仅110人获此殊荣，而云南仅2人。这使他的晚年更为充实，可谓晚霞若虹。

有了一个安乐窝

从寻甸搬到昆明后，先是借住在东风西路红星巷16号，这是他的学生李如琚腾出了一间房子借给他们居住的。后因这片房屋拆迁，不得已又先后在几个子女家居住。但终因房屋狭窄拥挤，生活十分不便。

进入20世纪80年代以后，徐天骝的住房仍未解决。这一情况反映到邓小平夫人卓琳同志那里。浦卓琳、浦卓英两姐妹在昆华女中读书时，是徐天骝的学生，他教她们生物学，经常带她们郊游、排演话剧，相互非常熟悉。卓

徐天骝与孙子徐璟摄于红星巷（1980年11月27日）

琳知道上述情况后，便关照了云南省委。于是，省委副书记高治国出面协调，昆明市政府同意在董家湾的新建房中拨出一套，由农大购买给徐天骝居住。徐天骝知道后，极力反对说："领导的美意我心领了，但无论如何不能开先例为我买房子。目前国家百废待兴，不可能为每位教授都买房子。只要在昆明有个住处，我就心满意足了。"后根据他的意愿，经领导商议，决定在昆明西站云南农大附属的兽医院内调出一楼的三间房子，给徐天骝居住，这才安下了一个家。搬进兽医院后，高治国书记又来看望他，关心地对他说："徐老，你凑合着住吧，以后有条件再调整。"他非常感激地说："这已经很不错了，我很满意了。卓琳同志他们刚刚脱离苦海，身体又不太好，还挂着我这个老头的冷暖，我既感激又歉疚。您出来工作也不久，脚伤未愈，还为我奔忙，实在过意不去啊。"

1978年12月，与原女中学生在大观楼

住进兽医院，徐天骝高兴地说："总算有了一个安乐窝了！"于是决定小儿子徐声瑛一家三口搬来与他们同住，请了一个保姆照顾饮食起居，让二老安度晚年。

不用扬鞭自奋蹄

刚刚有了一个安定的住所，算是"安居"了。可这位生辰属牛的"老黄牛"，"不用扬鞭自奋蹄"，又踌躇满志地投入到了社会的洪流中，投入到了他所钟爱着的云烟事业中。

1977年12月11日，他被选为云南省政协第四届委员会委员；1979年2月，连任省农学会和作物学会理事；1980年，应"天津周恩来纪念馆"之约写成《赴法勤工俭学前周恩来同志对我的教育》和《回忆赴法勤工俭学》两篇文章，珍藏在天津周恩来纪念馆；6月30日，连任烟草学组组长，应邀发表《在云南省烟草学组会上的讲话》，提出用高科技生产健康香烟，变吸烟为"享受"的命题，并对当时"粮烟争地"的情况提出："烟草属我省支柱产业，涉及千百万工农商界就业大计，不能随意'砍烟保粮'。"他先后应省政府烟草主管部门之约，写成《解放前云南烤烟的情况》（载《云南烟草科技参考》第3期）及《云南引种栽培烤烟的史料》（载《云南文史资料选辑》第16辑）；1981年，被选为省政府第五届委员，1982年10月将几十年搜集保存的成套农业科学杂

1983年82岁高龄的徐天骝仍然在辛勤笔耕

志和书籍捐献给云南农业大学图书馆；1983年3月，与学长张旭静、曾尔凤研讨云烟史实，后由二人写成《解放前云南美种烤烟引进及推广史实》（发表于《云南经济研究》）；1984年2月，被选为省农学会顾问，4月，被选为烟草学组顾问。特别是1985年5月，国家向他颁发了"从事农业科学五十年以上"荣誉证书和表彰状，并将他的名字载入了农业科学家的《芳名录》。在全国范围内，国家仅为110人颁发这一荣誉，而云南获此殊荣的仅有徐天骝和陈侃声2人。1988年11月19日，云南农业大学亦为徐天骝颁发了荣誉证书，表彰他在农业大学42年工作中所做出的贡献。

以上可以看出，从1973年退休到1989年病逝这16年的时间里，徐天骝迸发出了一个七八十岁老人旺盛的生命力和强烈的社会责任感，他在尽力地为国家、为社会多做贡献，真可谓“生命不息，奋斗不止”。如果是“余热”，这是一份喷张炙热的余热；如果是晚霞，这是一片绚丽多彩的晚霞。“老骥伏枥，志在千里，烈士暮年，壮心不已。”曹操的这两句诗可以说是徐天骝退休后生活的真实写照。

晚年的休闲时光

80多岁了，徐天骝的身体还算健朗。住在西站昆明市兽医院后院的三间简易房里，他度过了几年平静的休闲时光。老伴患了糖尿病，又摔坏了脚，在床上躺的时间较

1979年12月，与出席省人大、政协会议的原女中学生合影

多。他则经常搬一把躺椅坐在门口，晒晒太阳。最重要的陪伴是一部小收音机，这是他多年来的习惯了。就靠着这部收音机，能听到国家大事，天下大事，是一天都离不开的。有时，也靠这部收音机听听京剧、滇剧，这也是绝不可少的。

他的生活简朴，十分爱整洁，起居很有规律。除了按时听广播、读书、看报、散步外，许多生活习惯多年不变。每天早餐常常吃的是白糖水泡荞饪，别人都觉得难于下咽，他却乐此不疲。日常的菜，最爱的是豆腐圆子、豆焖饭。豆焖饭从蚕豆上市，一直要吃到蚕豆落槽，几乎是天天要吃一次。他每天固定抽三支烟，然后泡很浓的茶，茶叶认定是云南沱茶。早上，坚持到附近街上走一走。回家时，一定要买一份报纸回来，仔细研读。

尽管年纪大了，徐天骝仍坚持承担居室和庭院的清洁卫生。他每天都认真地抹桌扫地，一丝不苟。多年用着的一张多抽桌，抽屉多达十余个，总是抹得干干净净。每

1985年与烟草界学者在一起

个抽屉里都固定地摆放东西和文件资料，整整齐齐，从不会乱，也不准别人去动。因而写文章时，所需的资料顺手就取到，不用再去翻箱倒柜。

徐天骝一生学农务农，非常重视实践。在他的住所，只要有一点空地，他都要种一些蔬菜、花草。走到哪里，种到哪里。在官庄，他带着孩子们种了大片的蔬菜、鲜花，几乎可以自给自足。在农学院宿舍，也种了大片蔬菜、鲜花，学生们来聚会时，趁鲜采来做菜。他在大门口种下的金银花开得极为繁茂，满院清香，经常送给邻居插瓶。这时在兽医院，虽然没有了土地，他又培植了许多盆花，一路摆满了院墙边。每天，他都要浇花除草，侍弄得花繁叶茂。他在培育这些蔬菜花草时，总是悠然自得，当作是一种极好的休息，这只能说是这位农学家长期生成的本性了。

徐天骝从小就打下了很扎实的古文基础，许多古文名篇，七八十岁时，仍能朗朗背诵。年迈退休时，又成了孙子孙女们最好的辅导老师。孙子们课文上的古文，每一篇他不仅能背诵，还能给他们做详细的讲解。就是课文上的西洋名篇，他也无不精通，谁问谁答。孙子写了错别字，他认真地纠正，还要引用《说文解字》讲解这个字的含义和用法，使他们能牢牢记住。他通晓法语，也精通英语、俄语，几个孙子从小跟着他学习法语。他常常告诫他们，学外语不能只是死记硬背，还要理解词义，举一反三。他敲着手杖说：“像英语stick这个词，除了手杖的意

1983年元旦，与学者张淑静（右）、曾尔凤研讨云烟历史

思外，还可以作棍棒、枝条、桅杆、指挥棒、操纵杆等解释，作动词用可以理解为刺、钉、伸出、粘贴等。你理解了它，就能更好地记住它了。”这样的为孙子们服务，也是他晚年的一种乐趣了。

1981年4月，适逢徐天骝八十大寿暨二老金婚之期，儿女侄孙们决定为他们举办一次金婚庆典，这次庆典聚集亲友44人，异常热闹，是一次喜庆、欢乐、风趣、愉快的聚会，也是极有意义的聚会。当时，曾由天骝的侄孙徐演写下一篇记事，详细记录了这一天的盛况：

庆喜寿记

辛酉春，柳柔天青，繁花似锦。喜看天骝、桐仙二老，耳聪目明，骨健身轻。八十春秋，学

1980年7月在省烟草学组成立会上与学生合影

精德厚；六十二载，和睦相亲。桃李天下，子孙昌盛，真幸事也。

四月十二日，乃二老千秋佳期，徐家阖府于红星巷隆重举行双老八十大寿暨金婚庆典。庆典之前，即有声淮、坚冰、有成、徐章组成庆典筹委会，商议数日，拟定多项议程条款，作精心之准备。

是日，典礼厅内，彩灯高悬，彩绸飘飘。正墙以红纸金字书写“双老八十大寿暨金婚典礼”十一字，并挂特大“喜”“寿”字，金光闪耀，喜气洋洋。红纬桌上高坐南极寿翁，左右分设喜寿蛋糕。堂中鲜花怒放，席前红烛高烧。下午四

1981 年，儿孙们为天骝、桐仙二老举行八十大寿暨金婚庆典

时正，徐府在昆者 36 人合影留念。五时许，亲友嘉宾 44 人隆重参加庆典。初始，奏乐鸣炮，二老身着新装，面施朱粉，胸佩红花，欣然就坐主位，满堂掌声雷动。次之，由黄有成拟就寿词一篇，代表全体儿孙敬贺二老。继之，即有个旧、东川、昆明诸儿孙献诗、献灯（花灯）祝贺。此间，记者凯民、慧民拍照录音奔走不迭。

金婚庆典之时，更有重孙主婚人徐畅洋（12 岁）、徐畅海（11 岁）、徐畅洲（4 岁），证婚人徐章，男女傧相杨中山、陈静英诸人就座并先后致辞。后由金婚新郎致答词。新郎总结徐氏家风为一十六字，乃“勤俭朴实，助人为乐，尊老爱幼，勤学奋进”。以此和众儿孙共勉，并望代代相传。

最后，由金婚新人一拜天地，二拜亲友，夫妻对拜。新郎再掀新娘盖头，对饮交杯酒，分发喜糖，送入洞房。

是晚家宴，又有猜拳行令以助酒兴，并由“百代公司”特聘徐家班花灯泰斗数人演唱花灯老调，再掀高潮。

庆典历时330分钟，四代欢聚，情浓意深，不庸不俗，别致新颖，喜笑盈门，堪为徐氏家史上之盛事。仅此记怀。

文中所述之“徐家班”，皆因徐家老少喜爱云南花灯，几乎人人会唱，年轻的侄子孙辈，许多人还多次登台献艺，其中尤以天骝的儿子徐声淮、徐声汉为最。他们曾在云南和平解放时组织起云南大学学生花灯团，请伯父徐嘉瑞编写了新花灯剧到各学校、厂矿、农村献演，影响很大。曾受省政府及各族各界代表委派，作为唯一的文艺代表团赴沾益迎接解放大军，后又在五华山礼堂代表各族各界人民为欢迎解放军军政领导及战士代表作专场演出。使这一民间乡村小戏登上了大雅之堂。据此，徐家常戏称自家有如乡间的花灯班子“徐家班”。

这次家庭活动最重要的成果是，徐天骝给儿孙们传下的“勤俭朴实，助人为乐，尊老爱幼，勤学奋进”

十六字，真正成为徐氏一门子孙做人处世、训育相传的家风。多年后，徐氏家族先后举行了五届百人团聚的联欢活动，编创了歌曲《徐氏家风代代传》，每届必传唱，并以此家风纪念祖辈先贤，检验今人成绩，鼓励教育下一代。直到2014年的第五届徐府春节团聚联欢会，家族亲属与会150多人，仍以十六字家风为准绳，教育各代子孙。

徐天骝夫妇一生养育了5男2女，在他们的培养教育下，7个儿女积极上进，成就斐然。有的是全国著名医学专家，有的是军工专家，有的是昆明市文化局、市政协领导，有的是成绩突出的教学区领导、教师、中医师，他们继承着父辈的事业，踏实努力，为社会主义建设做出了积极的贡献。

永远守望着故土

1986年3月9日，徐天骝的夫人王桐仙去世，相敬如宾66年的夫妻从此永相诀。夫人在家里去世的那天，天骝仍坐在大门口的椅子上。大约距离房间稍远，他的耳朵听力也减退了，房中子女亲友的悲恸之声没有传出来。当众人将夫人搬走经过门口时，也只推说是去医院，没有让他再看一眼。他后来一再问起，子女们只推说是送到上海儿子那里去治疗了。但聪明的天骝还是意识到了，仅用沉默不语来表达着他的哀思。

3年后的1989年5月16日，徐天骝再度中风，住进昆明市中医院。6月19日，一颗爱国爱民、无私奉献的心脏永远停止了跳动，享年虚岁90岁。农学家、教育家及云烟奠基人徐天骝先生走了，走得非常安详，非常从容。6月23日，《云南日报》发布了“徐天骝先生去世”的消息。云南农业大学在昆明市殡仪馆举行了庄严肃穆的告别仪式。云南省副省长杨克成、省人大副主任麦赐球、省政协副主席杨春洲等代表省领导前来吊唁送别，省侨联、九三学社、民进等民主党派的省委领导也出席了告别仪式。徐天骝的同事、学生、烟草界同人数百人到会为他送行。会场中央，徐天骝遗像下挂着“云烟始祖”四个醒目的大字，作为人民对他的盖棺之誉。

他的侄孙们也写下了一副挽联，沉痛悼念：

> 巴黎勤学，南滇竞秀。育桃李遍天下，创云烟为始祖。德重望重，勋业与天共。红花金元香飘季，难忘富民造福躬耕处。
>
> 农坛育英，田间立说。随总理展鸿志，训儿孙奔坦途。寿高艺高，身教楷模树。后人成才立业时，仅记勤朴善助家风殊。

徐天骝先生去世后，骨灰与夫人王桐仙合墓于碧鸡山上。背靠青山，面临滇池，高瞻远瞩，永远守望着他的故乡。

子女们满怀深情地撰写了合墓碑文，表述了对父母深深的怀念：

显考徐天骝名嘉锐、嘉祜，出于教育世家，滇人誉为“云烟始祖”。

公元一九二〇年追随周恩来赴法留学，八年孜孜，获瓦乐耶大学法国国家学博士暨巴黎大学农学博士双学位。为边陲云南赴法勤工俭学之唯一者。旅欧求学，志在报国。返滇后倾力开拓云南经济，以草坝为基地，垦荒八万亩，广种粮食，试种烟草。美烟“金元”，大获成功。一九四六年进言滇府主席龙云借美军飞虎队将领陈纳德引进美烟优种大金元，以红土地为根基，以大金元为事业，六十年科教生涯，呕心沥血，薪尽火传。世人公认为云烟始祖。二十一世纪初始，云南民族出版社推出之专著《云烟奠基人徐天骝文选》是为明证、是为丰碑。“坚冰作于履霜，寻木起于蘖栽”堪作定论。

公曾任省烟草改进所所长、省农学会副会长、省农大教授等职，撰《云南烤烟栽种和烤制》等专著。一九八五年获国家“从事农业科学五十年以上”荣誉证书和表彰奖，荣入国家级学者《芳名录》。以九三学社成员身份，积极参政议政。曾任省人大代表、省人民政府委员、省政协委员等职。

作为烟草专家，种烟富民，业绩卓卓；作为农学教授，教书育人，桃李硕硕；信为人斧，德范身正，诲之谆谆。

先父秉性敦厚，与人为善，淡泊名利，一身正气，一身清贫，其志节唯为诸后裔之遗产矣！吾辈子孙当效之法之不负先人耳！

显妣王氏桐仙生于曲靖望族。一九一九年与先父结为伉俪，新婚九日，先父赴法，独挑家庭重担。“相去数万里，故人心尚尔。”夫婚姻者，人道之始也。相敬若宾与先父共度六十七个春秋，生育子女七人：“妻子好合，如鼓瑟琴。”

相夫教子，含辛茹苦；养育教化，子女成才；天荒地老，感戴贤良，襟怀坦荡。德不孤，必有邻一家母风范，世人称赞！

子：徐声淮、徐声汉、徐声扬
　　徐声宏、徐声瑛
女：徐声璜、徐声玉

安息吧！云烟伟人！

不忘记人民的人，人民永远不会忘记他。

心中装着人民的人，人民心中永远都装着他！

徐天骝的英名将与世长存！

徐天骝年表

（1901.4.29—1989.6.19）

徐天骝，名嘉锐，曾名嘉祜，字天骝。白族，旅法归侨，九三学社成员，“双博士”，教授。1901年4月29日生于大理，1989年6月19日卒于昆明。其年表如下：

1901年4月　生在教育之家。父亲徐元华赴京会试得大挑一等，历任邓川州学正，大理府书院山长，曲靖府教授。母亲王氏知书达理，治家育儿有方。在五男二女中，天骝排行第七，性温顺敦厚，聪明好学。

1908年至1912年春　入私塾，对“四书五经”等儒家典籍能过目不忘，并涉猎《天工开物》《农政全书》等农桑要著，得先生称许。

1912年秋至1916年　在昆明北区小学读书。除“经史子集”等传统经典外，开始接受算学等知识，自觉新奇、有味。

1917年至1919年秋　入云南英语专科学校学习。时发生俄国十月革命，“巴黎和会”召开，爆发五四运动，震撼天骝心灵，思考救国之道。

1919年腊月18日　在昆明老马地巷与曲靖城中王氏望族之

女王桐仙结为秦晋之好。自此相依相伴66个春秋。

腊月26日　婚后第九天，辞母别亲，经越南海防坐船到天津徐嘉彦大哥处。幸遇周恩来相助，成为人生新起点。在周帮助下入法汉补习学校补习法文并办理了赴法的一切手续。

1920年　在周恩来带领下从天津到达上海。陈独秀在静安寺会见徐天骝等赴法学生，诲勉再三。因船位有限，分批赴法，周恩来先行，托李富春照管天骝。不久，天骝等坐“智利号”轮的四等舱由沪起航，经42天海上颠簸始到法国。船经新加坡停靠，当地华侨设宴迎接，他乡遇亲人，分外亲切。

1920年至1923年9月　在法国相对集中“勤工”。先入克鲁校史乃得兵工厂做拉出炉钢条冷却的苦工，右手受伤被解雇。次进一家玫瑰园做工，园主人刻薄，复进一综合农场做工，开始接触烤烟等经济作物。大学教师的场主乐杰，见天骝勤奋好学，做事可靠，便亲教法文并准半天学习、半天劳动。还介绍入莫芬联合中学和芒什中学修完初、高中数理化和生物课程，取得了毕业证书。后又分别到一家农产品加工联合企业和一家卷烟生产联合体做实习员、技术员和技师，为集中“俭学”打下经济基础。

1923年　开始集中“俭学”。先入雷恩—布列塔尼黑爱能学校学习，于1924年9月取得文凭和学位。

1924年10月至1926年7月　以优异成绩入法国国立瓦乐耶大学攻读，获法国国家博士学位。

1926年7月20日　离开法国，坐船抵越南西贡，经河内回昆。

11月19日　昆明各界代表在金马坊欢迎天骝载誉归来。会后披红挂彩经三市街、正义坊、马市口到绿水河家中。

1927年12月至1928年3月　任云南省实业厅厅务委员，省立女师教员兼教务主任。

1928年1月至1931年12月　任云南省立高级中学教务主任兼农科教员。

1928年至1929年　任富滇银行总管理处法文秘书。

1928年　任云南省立第一中学教务长、省立农校教务主任、教员。

1928年至1929年　任云南省建设厅第三科第二股主任兼农牧场场长，省立女师教员兼教务主任、省立农校教务主任、省立农校教务主任兼教员。

1929年3月至1936年　任云南省立女子中学生物教员、训育主任。

1929年8月至1930年12月　任云南省立师范学校（昆师）生物教员兼教务主任。

1929年11月至1930年　任云南省农矿厅技正兼视察员、大普吉昆明农事试验场场长。

1930年11月至1934年　任省农业推广委员会常务委员兼学艺股主任，昆明农事试验场场长，建设厅调查设计委员会委员。

1930年至1936年9月　任云南省建设厅昆明农事试验场场长，省立农校教务主任、教员。

1931年2月至12月　任东陆大学法文教授。

1931年11月至1937年　任云南省公路行道树植保局副局长、局长。首次为昆明金碧路、三市街种植起行道树。

1936年8月至1942年2月　任开蒙垦殖局副局长兼农务课课长。领导开荒八万余亩，建起云南第一个现代化的草坝农场。

1937年10月至1938年5月　兼任省建设厅迤南林务局局长。

1939年4月至1942年4月　兼任云南省蚕业新村有限公司技师。

1940年6月　刘幼堂奉龙云命赴草坝调天骝回省主持筹组烟草改进所。

1941年3月1日　烟草改进所成立，任业务副所长兼第二种植区（昆明、晋宁、玉溪、江川等县）主任。引种美烟成功，并亲授种烟，烤烟技艺培养了一代烟草技工和烟农，为云烟事业奠定稳健基础。

1942年2月至12月　任云南省经济委员会专员。

1942年8月　为加强管理，拟《云南烟草改进所推广各县种植美烟暂行管理简则》（即13条），10月28日呈龙云主席，11月2日公布全省执行。

1942年11月至1947年元月　任云南省烟草生产事业总管理处协理兼烟草改进所长，云南纸烟场协理等职。1947年2月，本人推荐褚守庄接任所长获上峰批准。

1945年8月至1946年3月　黄齐生（王若飞舅父）持周恩来手书来昆"度假"，天骝尽心安排，圆满完成任务。

1946年8月至1958年11月　任云南大学农学院教授，兼呈贡农林总场主任（1946—1950年）。

1947年至1949年　兼任官渡农校特约讲座。被卢汉主席聘为烟草顾问。

1949年10月　专著《十年来之云南美烟事业发展纪实》一书出版。为云南首部烤烟生产事业史。

12月9日　卢汉宣布起义，云南和平解放。

1950年4月　被昆明军管会聘为昆明各族各界首届代表大会代表。

9月　被选为昆明各族各界第二次代表会议代表。

1951年4月　被选为昆明各族各界第三次代表会议代表。

8月　被选为昆明各族各界第四届代表会议代表。

1952年2月至4月　参加弥渡土改。

1952年11月至1953年2月　参加思想改造运动。

1955年10月至1956年3月　赴北京参加全国作物栽培学讲习班，苏联专家主讲，天骝讲授烟草学。周恩来总理邀去畅叙别情。

1956年10月至12月　被选为云南省科普推广积极分子，出席全国首次科普积极分子大会。周恩来总理再来看望，关怀备至。

1957年7月31日　《云南烤烟的栽培和烤制》一书完稿。为云南省首部烤烟生产事业科技书。

1958年4月至7月　赴宜良江头村永丰乡宝红公社参加“三同”及教学整改。

6月　《云南烤烟的栽培和烤制》由云南人民出版社出版。

8月至9月　赴玉溪、江川、通海、建水、华宁指导烤烟工作，进行科技改革。

11月至12月　被选为九三学社云南省农林大口支社主委。

1958年11月至1970年　任昆明农林学院教授，经济作物教研组副主任、主任，院务委员、系务委员。

1959年1月至4月　在曲靖沿江公社牛街作业区史家村指导烟草栽培及参加“三同”。

4月　在澄江吉花公社旧城管理区培训烟农，指导生产。

5月　在江川大街公社渔村管理区指导生产及参加“三同”。

6月　在玉溪郑井指导生产及参加“三同”。

1960年1月10日　赴京出席九三学社中央五届二次扩大会。

15日至20日　分别听陈毅报告、张劲夫报告及平杰三、许涤新报告。

6月至9月3日　在山东益都烟研所编写《中国烟草栽培》。

1961年2月至1964年11月　任昆明农林学院院务委员、经济作物教研室主任。

1963年2月　赴重庆北碚西南农学院参加西南区“作物学”教材审稿。

2月3日　进京听廖鲁言讲农业形势，并参加座谈。

2月21日　听聂荣臻副总理在全国农业科学会上讲农村粮食及农经作物问题严重性。后返北碚继续审稿至3月回昆。

8月　再次被选为云南省农学会副理事长，兼作物学会常务理事、烟草学组组长。

12月　被选为云南省第三届人民代表。

12月25日至1964年1月8日　参加云南省人大主席团和三届一次会议。

1964年1月8日　当选为省人民委员会委员（即政府委员）。

2月至3月　赴玉溪、江川、澄江，了解烤烟情况。

3月　在周总理关照下，按阎红彦政委指示，在省人委会上就烟种变异的严重问题，发表《对云南烤烟实现优质高产的几点意见》的讲话。被省委采纳，发文全省铲除“581号”劣种，置换为大金元。

4月　赴禄丰、富民、武定、禄劝了解烤烟情况。

5月　赴文山了解烤烟情况。

1965年3月　赴曲靖、宣威、陆良、罗平了解烤烟情况。

4月　赴大理、弥渡、祥云、巍山了解烤烟情况。

1966年3月9日　出席贵昆铁路接轨通车庆祝会，16日上午返昆。5月16日，“文化大革命”开始。

1969年12月1日　随校搬迁宾川县杨公箐。血压持续升高。夫人王桐仙糖尿病加重。

1970年9月至1973年3月　迁寻甸天生桥大洼子。

1972年1月　提出退休申请。

1973年2月12日　批准退休，工资按70%发给。由寻甸迁入昆明红星巷16号学生李如琚家借住。

1977年12月11日　被选为云南省政协四届委员。

1979年2月　继续任省农学会和作物学会理事。

1980年　完成《赴法勤工俭学前周恩来同志对我的教育》和《回忆赴法勤工俭学》两文并送天津周恩来纪念馆。

6月30日　继续任省烟草组组长，应邀发表《在云南省烟草学组成立会上的讲话》。提出用高科技变吸烟为“享受”的命题。烟草属我省支柱产业涉及千百万工农商各界就业大计，不能说砍就砍。应省政府烟草主管部门之约撰写《解放前云南烤烟的情况》一文，载《云南烟草科技参考》第3期。

1981年　被选为省政协第五届委员。应省政协之约完成《云南引种栽培烤烟的史料》一文，载《云南文史资料选辑》第16辑。

1982年9月2日　蒙卓琳同志关怀，高志国书记直接过问，迁入昆明西站农大附属兽医院居住。

10月　将几十年搜集保存的成套农业科学杂志捐赠给云南

农业大学图书馆。

1983年3月　学者张淑静、曾尔凤来舍研讨云烟史实，并催促公开发表《对云南烤烟实现优质高产的几点意见》一文，后载《经济探索》。

1984年2月20日　在昆医附二院做白内障手术。

2月　被选为省农学会顾问。

4月　被选为烟草学组顾问。

1985年5月　国家颁给“从事农业科学五十年以上”荣誉证书和表彰状并载入《芳名录》。

5月26日　下午6时半中风，送昆医附二院抢救。

1986年1月20日　出院回家治疗。

3月9日　夫人王桐仙去世于兽医院家中。

1988年11月19日　云南农业大学颁发荣誉证书，表彰他在农大42年工作中所做出的贡献。

1989年5月16日　再度住院。

6月19日11时10分，在昆明市中医院安详地闭上了眼睛。一颗爱国爱民、默默奉献的心脏永远停止了跳动，“云烟始祖”离开了人间。后骨灰与夫人合葬于昆明西郊碧鸡山上。